폴 셰링 원작 | written by Paul T. Scheuring

PRISON BREAK
프리즌 브레이크 EPISODE-2

2007년 9월 20일 초판 1쇄

번역·해설 | 이일범
펴 낸 이 | 조치영
책임편집 | 이수정
편   집 | 윤정미
마 케 팅 | 이준승, 이동헌
경영지원 | 마하선
디 자 인 | 리드컴퍼니 이윤영
인   쇄 | 삼성인쇄주식회사
펴 낸 곳 | 스크린영어사

서울특별시 관악구 신림 9동 1514번지
TEL | (02)887-8416
FAX | (02)887-8591
http://www.screenplay.co.kr

등록일자 | 1997년 7월 9일
등록번호 | 제16-1495

책값 12,000원
ISBN 978-89-87915-81-4

- 낙장, 파본은 교환해 드립니다.

Prison Break: Season One
"Allen" Written by Paul T. Scheuring
Based on the series created by Paul T. Scheuring
Copyright ⓒ Twentieth Century Fox Film Corporation
All rights reserved.

The pictures from the drama are used
by permission of Twentieth Century Fox Film Corporation.

Korean edition is published
by arrangement with Twentieth Century Fox Film Corporation
through Duran Kim Agency.

이 책의 한국어판 저작권은 듀란킴 에이전시를 통한
Twentieth Century Fox Film Corporation과의 독점계약으로 스크린영어사에 있습니다.
저작권법에 의하여 한국 내에서 보호를 받는 저작물이므로 무단전재와 무단복제를 금합니다.

PROLOGUE

　근자에 해외에서의 영어 연수 붐이 전국을 강타하고 있는 현실을 보면 우리나라 영어 교육 현실이 개탄스럽지 않을 수가 없다. 인천 공항에는 방학을 맞아 해외로 영어 연수를 떠나는 초등, 중등 학생들의 행렬이 끝이 없고 국내에서도 학원마다 자격이 없건 있건 원어민 강사를 초빙해서 저마다 학생들을 끌어들이기에 정신이 없는 실정이다. 그렇다면 매년 반복되는 이런 현상 속에서 학습자들의 영어 실력은 향상되고 있을까? 아마도 비용이나 노력을 대비할 때 효율이 없다는 것이 정답일 것이다. 아직도 우리나라는 세계는 물론 아시아 지역에서만 보아도 토플 성적이 중하류에 머물러 있는 실정이다. 그 이유는 무엇일까?

　우선 태어날 때부터 모국어가 영어가 아닌 경우에는, 하루 한 시간 내지는 일주일에 몇 번 원어민과 상대하는 영어 학습은 크게 도움이 되지 않으며 또한 단기간의 해외 연수의 효과도 투자한 비용과 시간을 고려할 때 크게 기대할 것이 못 된다. 영어 학습에서는 먼저 어휘와 회화 및 영작문 표현을 최대한 숙지하고 있는 선행 과정이 있어야 한다. 즉, 바람직한 영어 실력이란 어휘, 작문, 문법, 듣기, 말하기, 읽기 등의 복합적인 기능의 실력을 말하기 때문이다. 우리는 지금 가장 초보적이고 기초적인 사회생활을 영위하는 데 필요한 영어가 아니라 좀 더 구체적이고 전문적인 지식의 영어가 필요하다. 대학 진학을 위해서도 그렇고 대학 공부를 위해서도 그렇다. 각자의 직장에서의 전문 분야에서의 영어가 그렇고 전문화된 국가 기관의 공직 수행을 위해서도 차원 높은 영어가 필요한 것이다.

누차 강조하는 일이지만 스크린 영어에 그 해답이 있다. 최고의 예술가들과 과학자, 기술자, 그리고 각 분야의 전문가들이 모여 만드는 영화에는 최고의 정보, 지식을 토대로 한 수준 높은 영어가 담겨 있다. 스크린 영어에는 듣기와 말하기는 물론 읽기와 쓰기가 있고 어휘, 문법, 작문 등의 주옥 같은 자료들이 들어 있다. 연수니 학원이니 왔다갔다 하지 말고 느긋하게 집에서 천재들의 결투장인 〈프리즌 브레이크〉 DVD와 스크린 영어 책으로 영어에 도전장을 내보도록 하라. 얼마나 멋진 학습 방법인가? 수준 높은 영어가 있고 이끌리는 배우가 있으며 눈을 뗄 수 없게 만드는 스토리에 몰두하다 보면 귀가 트이고 입이 열려 자신도 모르게 작문이 술술 나올 것이다. 독자들이여, 신념을 갖고 한 번 도전해 보라. 분명 영어와의 싸움에서 승리할 수 있을 것이라 확신한다.

이 일 범

CONTENTS

Episode 2 **ALLEN** 탈출의 단서

Prologue • 4
영어의 특징 • 8

1
What, You Got a Key? • 10
뭐, 열쇠라도 있어?

2
I Thought about You the Whole Time • 50
난 늘 자기만을 생각했어

3
Then Listen! I Was Set up! • 84
그럼 들어! 함정이었다고!

4
There's Someting Strange about Him • 116
그 사람 뭔가 이상해

Behind Story • 154
한 번 보는 순간 멈출 수 없는 미드 시리즈!
등장인물 소개 - 링컨 버로스(Lincoln Burrows)

영어의 특징

전체적으로 영어의 쓰임에는 에피소드1과 큰 차이는 없다. 전편에 이어 사건의 전개가 차분히 진행되고 인물들의 특성과 링컨과 베로니카의 관계, 아브루치에 얽힌 사연, 교도소 내의 인종 갈등, 수크레와 여자 친구 마리크루즈의 위기, 켈러먼과 헤일의 서서히 진행되는 목조르기 활동, 마이클과 탠크레디 의사와의 미세한 관계 발전 등이 소개되면서 대체로 전편보다는 긴 대사가 줄어들고

영어 난이도 The Degree of Difficulty	★★★	
속도 Speed ★★★★	**표현** Expression ★★★	**어휘** Vocabulary ★★★

표현이나 어휘가 좀 더 쉬워진 느낌이다. 다만 링컨 역의 도미닉 퍼셀의 대사 파악에는 어려움이 따른다. 그가 호주 출신의 배우이기 때문에 발음이 다소 듣기가 힘들고 속도가 빠른 편이다. 내용 전개에 큰 비중을 차지하고 있는 수크레를 비롯하여 많은 흑인들의 말이 분명치 않게 들리는 부분이 있으나, 속어나 비어 등 어려운 표현이나 어휘는 많이 사용되고 있지 않은 편이다. 법률 용어나 의학 용어도 전편에 비해 약하다. 액션이 긴박하게 진행되는 장면에서 음악이 차지하는 비중이 많아 상대적으로 대사의 양은 적어져 영어 자체는 중상에 속하는 정도라고 볼 수 있다.

1. EXT. FOX RIVER STATE PENITENTIARY. DAY
Pan over Fox River State Penitentiary.

2. EXT. FOX RIVER. EXERCISE YARD. DAY
Michael and Charles Westmoreland are playing checkers at a table together.

WESTMORELAND : You're anticipating every one of my moves three moves in advance. You're a hell of a strategist, fish.

Michael still looks at the checkerboard, a look of full concentration on his face.

MICHAEL : You ever think about Boston?

WESTMORELAND : Sure.

MICHAEL : Think you'll ever see it again?

WESTMORELAND : (smiling) I'm a sixty-year-old man with sixty years left on my ticket. What do you think?

MICHAEL : (looking at the checkerboard) I'm thinkin' about goin'.

WESTMORELAND : Well, there's goin', and there's goin'. Which one do you mean?

MICHAEL : (looks at Westmoreland) The one you think I mean.

WESTMORELAND : (pets his cat, amused) Three days inside and he's already thinkin' about turnin' rabbit. It'll pass. It always does.

He nods his head to another side of the yard.

1. WHAT, YOU GOT A KEY?

1. 외부. 폭스 리버 주립 교도소. 낮
카메라가 폭스 리버 주립 교도소를 위에서부터 비춘다.

2. 외부. 폭스 리버. 운동장. 낮
마이클과 찰스 웨스트모어랜드가 테이블에서 같이 체커놀이를 하고 있다.

웨스트모어랜드 : 내 수를 세 수나 앞서서 내다보고 있군. 넌 대단
 한 전략가야, 신참.

마이클은 여전히 체커판을 들여다보고 있다. 그의 얼굴은 완전히 정신을 집중
하고 있는 표정이다.

마이클 : 보스턴에 대해 생각해 본 적 있어요?
웨스트모어랜드 : 물론이지.
마이클 : 보스턴을 다시 볼 수 있을 거라고 생각하세요?
웨스트모어랜드 : (웃으면서) 난 형기가 60년 남은 예순 살의 죄수
 야. 어떨 거 같냐?
마이클 : (체커판을 바라보면서) 가보려고요.
웨스트모어랜드 : 글쎄, 가는 데도 여러 방법이 있지. 어떤 방법을
 생각하고 있는건데?
마이클 : (웨스트모어랜드를 바라보며) 생각하시는 그런 방법이요.
웨스트모어랜드 : (재미있어 하며 고양이를 쓰다듬는다) 들어온 지 3일된
 녀석이 벌써 토낄 생각을 하다니. 한때 그러다
 말 거야. 늘 그렇거든.

그는 운동장의 다른 쪽을 향해 고개를 끄덕인다.

■ **penitentiary**
교도소, 고행소, 감화원
- a prison

■ **strategist**
전략가, 전술가, 책사
- a person who is skilled at planning things, especially military activities

■ **checkerboard**
체커판
- a board with black and white squares, used for playing draughts or checkers

What do you think?
어떻게 생각하나?

▶ 'What do you say?'와 같은 표현이다. 'How do you think?'라고 하지 않도록.

WESTMORELAND : Got bigger things to worry about at the moment. I've been in here long enough to know it when I see it.

At the other side of the yard, some black inmates walk around in groups, talking in whispers.

WESTMORELAND : (V.O.) The calm before the storm. Whites and blacks are goin' at each other real soon here. Everybody chooses sides and a lot of guys bleed.

Throughout this they watch a squirmish occur between some racially separate inmates.

MICHAEL : There a reason?

WESTMORELAND : Same reason you don't put cats and dogs in the same cage. They don't get along.

Michael nods.

3. INT. CELL BLOCK. DAY
Some inmates are talking confidentially, some are taking light exercise in their cell.

4. INT. MICHAEL'S CELL. DAY
Michael examines part of the tattoo on his forearm sitting on his bunk. Sucre sings a Spanish song softly under his breath near the toilet. Michael puts a mirror up to reflect the tattoo. The mirrored image shows words that read "11121147 Allen Schweitzer." He writes these words down on a pad of paper, rewording them so they read "Schweitzer Allen 11121147."
Sucre flushes the toilet. No water comes through.

1. WHAT, YOU GOT A KEY?

웨스트모어랜드 : 당장 염려해야 할 더 큰 문제가 있어. 여기 오래 있다 보면 척 보면 알게 돼.

운동장 반대편에서 몇 사람의 흑인 수감자들이 속삭이면서 떼를 지어 걸어온다.

웨스트모어랜드 : (목소리) 폭풍 전야야. 곧 흑인과 백인 사이에 싸움이 있을 거야. 모두 편을 가르고 여럿이 피를 보겠지.

이 말을 하는 동안 내내 그들은 인종적으로 분리된 수감자들 사이에 꿈틀거리는 동요가 일어나는 것을 지켜본다.

마이클 : 이유가 뭐죠?
웨스트모어랜드 : 개와 고양이를 한 우리에 넣어 놨으니 어울릴 턱이 없지.

마이클은 고개를 끄덕인다.

3. 내부. 감방 블록. 낮
몇몇 수감자들이 은밀히 이야기를 나누고 있고 또 다른 수감자들은 자신의 감방에서 가볍게 운동을 하고 있다.

4. 내부. 마이클의 감방. 낮
마이클은 자신의 침대에 앉아서 팔에 있는 문신 일부를 살피고 있다. 수크레는 화장실 가까운 곳에서 작은 목소리로 부드럽게 스페인 노래를 한다. 마이클은 문신을 비춰보기 위해 거울을 든다. 거울에서는 '11121147 앨런 슈바이처'란 글자가 비친다. 그는 종이철 위에 이들 글자를 적는데 그것을 바꾸어 써서 '슈바이처 앨런 11121147'로 표기한다.
수크레는 변기의 물을 내린다. 물이 흐르지 않는다.

- **squirmish**
옴죽거리는, 꿈틀거리는, 어색해 하는
  - squirm
    - to move around a lot making small twisting movements, because you are nervous, uncomfortable, etc.
    - to feel great embarrassment or shame

- **confidentially**
속내를 터놓고, 친숙하게, 내밀하게, 은밀히

- **pad**
(한장씩 떼어 쓰게 된) 종이철
    - a number of pieces of paper for writing or drawing on, that are fastened together at one edge

- **reword**
~을 바꾸어 쓰다, ~의 말투를 바꾸다
    - to write something again using different words in order to make it clearer or more acceptable

There a reason?
이유가 있나요?

▶ 'Is there a reason?'이 준 표현으로 'What's the reason?'과 유사하다.

15

SUCRE	: Hm.
MICHAEL	: What?
SUCRE	: Toilet won't flush.
MICHAEL	: So?

There's a buzzing sound from outside their cell. Realization comes to Sucre's face.

SUCRE	: Means only one thing, fish.

He rushes to the cell door.

C.O.	: (V.O.) Shakedown!

Michael looks worried at the sudden movement.

5. INT. CELL BLOCK. DAY
Special unit guards rush around the prison floor. All inmates begin to stir.

6. INT. MICHAEL'S CELL. DAY
Sucre pulls items out of secret nooks in their cell.

SUCRE	: The dirt shuts down the water so you can't flush your contraband.
MICHAEL	: (calmly) Then we got nothing to worry about.

Sucre holds up a bag of something.

SUCRE	: Says who?

수크레 : 흠.
마이클 : 왜?
수크레 : 변기 물이 안 내려가.
마이클 : 그래서?

그들의 감방 밖에서 버저 소리가 난다. 수크레의 얼굴에는 뭔가 알았다는 표정이 보인다.

수크레 : 이유는 하나 뿐이야, 신참.

그는 감방 문으로 뛰어간다.

교도관 : (목소리) 수색이다!

마이클은 갑작스런 움직임에 걱정스러운 표정이다.

5. 내부. 감방 블록. 낮
특별 편성 교도관들이 감옥 바닥으로 달려들어 온다. 모든 수감자들은 동요하기 시작한다.

6. 내부. 마이클의 감방. 낮
수크레가 감방 안의 후미진 곳에서 물건들을 꺼낸다.

수크레 : 반입품을 못 버리게 하려고 배수를 막거든.
마이클 : (침착하게) 우리가 걱정할 거 없잖아?

수크레는 뭔가가 들어 있는 가방을 꺼내 든다.

수크레 : 누가 그래?

■ **shakedown**
〈구어〉 철저한 수색, 성능, 시험 운전
- a situation in which somebody tries to force somebody else to give them money using violence, threats, etc.
- a thorough search of somebody/something
- a test of a vehicle to see if there are any problems before it is used generally

■ **unit**
일단, 부대, 편성
- a group of people who work or live together, especially for a particular purpose

■ **nook**
구석, 후미진 곳, 외딴 곳, 피난처
- a small quiet place or corner that is sheltered or hidden from other people

■ **contraband**
금제품, 밀수품, 불법 거래
- goods that are illegally taken into or out of a country

Toilet won't flush.
변기 물이 안 내려가는데.

▶ 'won't'는 미래형이 아니라 고집이나 거부를 나타내는 현재형 표현.

Michael pulls his shirt sleeve down again to cover the tattoo. Sucre directs him to the table.

SUCRE : Under the table, *coño*!

Michael feels under the table to find a well-crafted metal shank.

MICHAEL : What the hell is this?
SUCRE : It's a shank, white boy. Now dump it!

He pushes Michael toward the cell door where Bellick now stands right outside his cell door. Bellick smirks, sighting the shank in Micheal's hands.

BELLICK : (to an external C.O.) Open it.

Sucre, behind Michael, looks concerned.
The door opens.

BELLICK : So, tooling up for the race riot, are we?

Michael does not answer, just looking at him.

BELLICK : Hand it over.

Michael reaches out and hands the shank to Bellick. Bellick laughs softly.

BELLICK : Huh. Rugheads and the Billies.

He gestures around with the shank.

1. WHAT, YOU GOT A KEY?

마이클은 자신의 셔츠 소매를 다시 내려 문신을 덮는다. 수크레는 그에게 테이블을 가리킨다.

수크레   : 탁자 밑에 것 처리해, 친구!

마이클은 테이블 아래를 더듬어 정교하게 만든 금속제 칼을 찾아낸다.

마이클   : 도대체 이게 뭐야?
수크레   : 만약을 위해서야, 흰둥씨. 빨리 버려!

그는 마이클을 감방문 쪽으로 밀치는데 거기에는 벨릭이 바로 감방문 밖에 서 있다. 벨릭은 마이클의 손에서 칼을 보고는 능글능글 웃는다.

벨 릭   : (밖의 교도관에게) 문 열어.

수크레는 마이클 뒤에서 근심스러운 표정이다.
문이 열린다.

벨 릭   : 그러니까, 인종 전쟁을 위해 무장하셨군?

마이클은 대답하지 않고 그냥 그를 쳐다본다.

벨 릭   : 그거 넘겨.

마이클은 손을 내밀어 그 칼을 벨릭에게 준다. 벨릭은 부드럽게 웃는다.

벨 릭   : 흥, 깜둥이와 흰둥이.

그는 그 칼을 들고 몸짓을 한다.

■ **coño**
스페인어로 'damn, shit, fuck'의 뜻

■ **shank**
〈속어〉 나이프
- a knife
- the straight narrow part between the two ends of a tool or an object
- the part of an animal's or a person's leg between the knee and ankle

■ **smirk**
능글능글〔히죽히죽〕웃다
- to smile in a silly or unpleasant way that shows that you are pleased with yourself, know something that other people do not know, etc.

■ **Rughead**
흑인, 깜둥이
- an offensive term for a black person

■ **Billie**
남자 이름 (William의 애칭. 여기서는 흰둥이를 말함)

Tooling up for the race riot, are we?
인종 소요를 위해 무장한 건가?

▶ 'tool up'은 속어로 '무장하다'의 뜻. 'Are we tooling up for the race riot?'과 같음.

19

BELLICK : Which side are you on, anyhow, fish?

MICHAEL : (darkly) That would be neither, boss.

BELLICK : Maybe you're gonna go extracurricular with it then.

He moves the shank near his throat.

BELLICK : Stick a C.O. maybe.

Michael looks back blankly.
Pope walks over to Bellick.

POPE : Is there a problem here, Deputy?

BELLICK : Got a shank in here.

He hands the shank to Pope. Pope looks through the bars to Michael.

POPE : Is this yours?

Neither Michael nor Sucre say anything. Pope looks skeptically back and forth between Michael and Sucre. Then he decides. Sucre nods his head down slightly in relief. Pope looks to Michael.

POPE : You're not a good liar.

Michael's head lifts up slightly.

POPE : Come on, Sucre. You're goin' to the S.H.U.

Sucre shakes his head and steps past Michael and out the door, glancing back quickly to look at Michael. Bellick doesn't move.

벨 릭 : 넌 어느 편이야, 신참?
마이클 : (어둡게) 어느 편도 아닙니다.
벨 릭 : 그렇다면 이걸로 과외를 받을 작정이로군.

그는 그 칼을 자기 목 근처에서 움직인다.

벨 릭 : 교도관이라도 찌르려고 했겠지.

마이클은 멍하니 돌아다 본다.
포프가 벨릭에게로 걸어온다.

포 프 : 무슨 문제 있나, 부소장?
벨 릭 : 칼을 압수했습니다.

그는 그 칼을 포프에게 준다. 포프는 철창문을 통해서 마이클을 본다.

포 프 : 이거 자네 건가?

마이클과 수크레 둘 다 아무 말도 하지 않는다. 포프는 마이클과 수크레 사이를 번갈아 의심스럽게 바라본다. 그러다가 마음의 결정을 내린다. 수크레는 안도하며 약간 고개를 끄덕인다. 포프는 마이클에게 시선을 돌린다.

포 프 : 거짓말엔 소질이 없군.

마이클의 머리가 약간 들려진다.

포 프 : 이봐, 수크레. 넌 독방행이다.

수크레는 고개를 가로저으며 마이클 옆을 지나 문으로 가면서 재빨리 시선을 돌려 마이클을 바라본다. 벨릭은 움직이지 않는다.

- **darkly**
  험악하게, 은밀히
  - in a threatening or unpleasant way
  - showing a dark colour

- **deputy**
  대리인, 대리역, 부관, 부소장
  - a person who is the next most important person below a business manager, a head of a school, a political leader, etc. and who does the person's job when he or she is away

- **relief**
  안도, 안심, 위안, 구제, (근심, 고통의) 제거
  - the feeling of happiness that you have when something unpleasant stops or does not happen

Which side are you on?
당신은 어느 편이죠?

▶ 'side'에는 'on'이 따른다. 'on the side of' '~을 편들어, 가담하여'의 뜻.

POPE : Move along, Deputy.

BELLICK : I'm not done shakin' this cell down yet.

Pope turns back to look at him.

POPE : I said move along.

Pope leaves.

BELLICK : (darkly to Michael) In the old man's back pocket, are you? Well, I got news for you, fish. He may run this place during the day, but I run it during the night.

The cell door slams shut in front of Michael's face.

7. EXT. FOX RIVER. DAY
Pan shot of the prison yard.
The opening credits begin.

8. INT. FOX RIVER. CHAPEL. DAY
Lincoln sits in the front row, Michael directly behind him.
Lincoln talks to Michael without turning back his head.

LINCOLN : What the hell were you thinkin', Michael?

He pauses.

LINCOLN : How we doin' it?

MICHAEL : The infirmary.

1. WHAT, YOU GOT A KEY?

포 프	: 다른 곳을 수색하게, 부소장.
벨 릭	: 이 감방 아직 끝나지 않았습니다.

포프는 돌아서서 그를 바라본다.

포 프	: 다음 감방 조사하라니까.

포프는 자리를 뜬다.

벨 릭	: (마이클에게 은밀히) 영감한테 잘 보였나 보지? 하나 충고하지, 신참. 낮에는 이곳이 영감 세상이지만 밤엔 내 세상이다.

감방 문이 마이클 앞에서 쾅 하고 닫긴다.

7. 외부. 폭스 리버. 낮
카메라는 감옥의 운동장을 위에서 비춘다.
자막이 시작된다.

8. 내부. 폭스 리버. 예배당. 낮
링컨이 앞 줄에 앉아 있고 마이클은 바로 그 뒤에 앉아 있다.
링컨은 고개를 돌리지 않고 마이클에게 말한다.

링 컨	: 대체 무슨 생각을 하고 있었던 거야, 마이클?

그는 잠시 중지한다.

링 컨	: 어떻게 되어가?
마이클	: 의무실.

■ **shake down**
〈구어〉(몸이나 장소를) 철저히 뒤지다, 조사하다, 수색하다
- to search a person or place in a very thorough way

■ **chapel**
(학교, 병원, 병영, 교도소, 선박 등의) 예배당, 교회당
- a small building or room used for Christian worship in a school, prison, large private house, etc.

I'm not done shaking this cell down yet.
아직 이 감방 수색이 안 끝났어요.

▶ 'do + 동명사'의 형태로 '~하기를 끝내다, 해버리다'의 의미임.

LINCOLN : Infirmary?

Michael leans forward to talk to Lincoln.

MICHAEL : It's the weakest link in the security chain. As long as I get that PUGNAc, I'll get all the access I need.

LINCOLN : What the hell's a PUGNAc?

MICHAEL : It lowers my insulin levels to the point that I'm hyperglycemic. As long as the good doctor thinks I'm diabetic, I'll have plenty of time in there to do what I need to do.

LINCOLN : Which is?

MICHAEL : A little work. A little prep for your arrival.

He smiles.

MICHAEL : That's the idea, anyway.

LINCOLN : (raising an eyebrow) The idea?

MICHAEL : There's a little hitch in getting the PUGNAc, that's all. They don't exactly stock it at the commissary.

LINCOLN : You telling me this whole thing is riding on a bunch of pills?

Michael looks over to C-Note.

MICHAEL : Someone's working on it as we speak.

1. WHAT, YOU GOT A KEY?

링 컨 : 의무실?

마이클은 몸을 앞쪽으로 기울이며 링컨에게 말한다.

마이클 : 보안이 가장 약한 곳이 거기야. 그 퍼그냌만 있으면 그곳에서 필요한 모든 곳에 접근이 가능해.
링 컨 : 도대체 퍼그냌이 뭐야?
마이클 : 저혈당이 될 때까지 인슐린 수치를 낮추는 약이야. 내가 당뇨 환자라고 의사가 생각하는 한 거기서 필요한 일을 할 수 있어.
링 컨 : 그게 뭔데?
마이클 : 약간의 일. 형의 도착을 위한 약간의 준비.

그는 미소를 짓는다.

마이클 : 어쨌든 그게 내 아이디어야.
링 컨 : (눈썹을 치켜 뜨며) 아이디어?
마이클 : 퍼그냌을 확보하는 데 좀 문제가 있어. 그건 매점에서 파는 물건이 아니거든.
링 컨 : 모든 계획이 그 약에 달렸다는 거야?

마이클은 건너편에 씨노트를 바라본다.

마이클 : 누군가가 지금 구하는 중이야.

- **security**
  안전, 안심, 보호, 경비 부문
  - the activities involved in protecting a country, building or person against attack, danger, etc.
  - the department of a large company or organization that deals with the protection of its buildings, equipment and staff
  - protection against something bad that might happen in the future

- **PUGNAc**
  퍼그냌(인슐린 저항력을 증가시키는 데 사용하는 약품)

- **hypoglycemic**
  저혈당(증)의

- **hitch**
  엉킴, 걸림, 장애, 얽힘
  - a type of knot

- **pill**
  알약, 환약

Which is?
그게 뭔데?

▶ 여기서 'which'는 관계대명사로 앞에 나온 'what I need to do'를 받는다.

25

Lincoln follows Michael's gaze. C-Note grins at them, sitting on another pew. Lincoln shakes his head.

LINCOLN: Now is not the time to be trusting a black inmate, Michael.

MICHAEL: (confidently) Our relationship transcends race.

LINCOLN: Nothing transcends race in here. I can't let you do it. Good behavior, you're outta here in three years.

MICHAEL: Gonna be a whole lot sooner than that.

LINCOLN: It can't be done.

He pauses as an inmate walks past.

LINCOLN: It can't be done, Michael. No one's ever broken out of Fox River.

Michael leans forward again.

MICHAEL: Every single step's already been mapped out. Every contingency.

LINCOLN: (looking back) Every contingency? You may have the blueprints for this place, but there's one thing those plans can't show you. People. Guys like Abruzzi. You so much as look at these guys the wrong way, they'll cut you up.

Michael looks over at Abruzzi.

링컨은 마이클의 시선을 따른다. 다른 벤치에 앉아 있는 씨노트가 그들을 향해 히죽 웃는다. 링컨은 고개를 젓는다.

링 컨	: 흑인 수감자를 믿을 때가 아냐, 마이클.
마이클	: (자신 있게) 우리 관계는 인종과 상관없어.
링 컨	: 여기에선 인종과 상관없는 건 없어. 그런 일 게 놔둘 수가 없어. 모범수로 있으면 3년이면 나갈 수 있잖아.
마이클	: 그보다 훨씬 빠를 거야.
링 컨	: 성공할 수 없어.

그는 한 수감자가 지나가자 말을 멈춘다.

링 컨	: 성공할 수 없다고, 마이클. 폭스 리버를 탈출한 사람은 없어.

마이클은 다시 앞쪽으로 몸을 기울인다.

마이클	: 계획은 철저히 준비했어. 모든 우발 요소까지 다.
링 컨	: (뒤를 돌아다 보면서) 모든 우발 요소? 여기 도면이 있다 해도 하나 모르는 게 있어. 사람들이지. 아브루치 같은 자들 말이야. 넌 이 자들을 잘못 보고 있는데 그들은 널 간단히 죽일 수 있어.

마이클은 아브루치를 건너다 본다.

■ **transcend**
(경험이나 이해력의 범위를) 초월하다, 능가하다
- to go or be above or beyond the limits of

■ **map out**
~의 계획을 세밀히 세우다
- to plan or arrange something in a careful or detailed way

■ **contingency**
우연성, 뜻밖의 사고, 우발 사건
- an event that may or may not happen

Now is not the time to be trusting a black inmate.
흑인 수감자를 믿을 때가 아냐.

▶ 'Now is the time ...' '지금이야말로 ~할 절호의 기회이다'란 뜻의 관용 표현.

MICHAEL : As far as the rest of these guys are concerned, I'm just another con doin' his time. Stayin' out of trouble.

LINCOLN : You don't gotta go lookin' for trouble in here. It just finds you.

MICHAEL : (sitting back) And when it does, we'll be long gone.

LINCOLN : (sighing) This is madness. You can't even get out of your cell.

MICHAEL : Not true.

LINCOLN : What, you got a key?

C-Note watches the pair, intrigued.

MICHAEL : Somethin' like that.

9. EXT. FOX RIVER. YARD ENTRANCE. DAY
Inmates are shuffling in lines of two by two into the yard. Michael breaks away from the line, looks around, sights a set of bleachers and heads for the deserted bleachers. He runs his fingers along the woodwork edging, his eyes caressing the yard to make sure that no one is watching. He feels along one and stops to rub a screw head a few more times. It's covered in a sealant. Camera goes inside the bleacher to show the serial number of the bolt. 11121147.

Flashback.

10. INT. MICHAEL'S APARTMENT. NIGHT
He's sitting at his desk, leafing through schematics for a set of bleachers. He looks at different types of screws. He finds the words "7/16" x 6" Machine Screw." He smiles, writes the number 11121147 in red, circles it and places a metal bolt next to it.

End flashback.

1. WHAT, YOU GOT A KEY?

마이클 : 저자들에게 난 그저 말썽 없이 형기나 마치는 죄수일 뿐이야. 말썽을 일으키질 말아야지.
링 컨 : 여기선 말썽을 피해갈 수 없어. 찾아오게 마련이야.
마이클 : (뒤로 앉으며) 그 전에 도망치면 돼.
링 컨 : (한숨을 쉬면서) 이건 미친 짓이야. 네 감방조차 못 나오면서.
마이클 : 틀려.
링 컨 : 뭐, 열쇠라도 있어?

씨노트가 호기심에 사로잡혀 그들을 지켜본다.

마이클 : 그 비슷해.

9. 외부. 폭스 리버. 운동장 입구. 낮
수감자들이 둘씩 두 줄 지어 발을 질질 끌며 운동장으로 들어온다. 마이클은 줄에서 빠져 나와, 주위를 살피고는 지붕 없는 관람석을 발견하고는 아무도 없는 관람석 쪽으로 향한다. 그는 손가락으로 목제품의 가장자리를 따라 더듬는다. 그의 눈은 아무도 보고 있지 않다는 것을 확인하기 위해 운동장을 상쾌하게 바라본다. 그는 하나를 더듬다가 멈춰 서서 볼트의 머리를 몇 번 비빈다. 그것은 방수제로 덮여 있다. 카메라는 관람석 안쪽을 비추며 그 볼트의 일련 번호 11121147을 보여 준다.

과거 장면으로의 순간적 전환.

10. 내부. 마이클의 아파트. 밤
그는 책상에 앉아 일련의 관람석 배선 약도를 쭉 훑어본다. 그는 다른 종류의 나사못을 본다. 그는 '7/16" x 6" 기계 나사'란 글자를 발견한다. 그는 미소를 지으며 1112147이란 숫자를 빨간색으로 쓰고는 거기에 동그라미를 치고 그 옆에 금속 나사못을 놓는다.

플래시백이 끝난다.

■ **intrigue**
호기심(흥미)을 돋우다
- to make somebody very interested and want to know more about something

■ **shuffle**
발을 질질 끌며 걷다
- to walk slowly without lifting your feet completely off the ground
- to move your feet in an awkward or embarrassed way

■ **caress**
어루만지다, 상쾌하게 닿다, 쓰다듬다
- to touch somebody/something gently, especially in a sexual way or in a way that shows affection

■ **sealant**
방수제, 봉함제
- a substance that is put onto a surface to stop air, water, etc. from entering or escaping from it

■ **leaf through**
쭉 훑어보다
- to quickly turn over the pages of a book, etc. without reading them or looking at them carefully

■ **schematics**
(전기 등의) 배선 약도

As far as the rest of these guys are concerned
이 나머지 녀석들에 관한 한

▶ 'as far as ... is concerned' '~에 관한 한'의 뜻.

29

11. EXT. FOX RIVER. YARD. DAY

Michael steps up the bleachers, has a look around and takes a seat atop them. He feels around for the same bolt and inconspicuously slips a quarter into the slotted head of the bleacher bolt. Slowly he start to unscrew it. An inmate speaks to him.

INMATE	: Wrong piece of real estate, fish. Belongs to T-Bag.
MICHAEL	: Who?
INMATE	: You'd best speak with respect, fish. Man kidnapped half a dozen boys and girls down in 'Bama. Raped and killed 'em. Wasn't always in that order either.

Michael continues unscrewing the bolt looking around.

MICHAEL	: Does T-Bag have a real name?
T-BAG	: (V.O.) That is my real name.

A slimy man walks up. Stepping behind him, and holding onto T-Bag's turned-out pocket, is Maytag, his cellmate and submissive partner. Michael stands up.

T-BAG	: No, no, no, please. (gesturing) Sit.

Michael complies and T-Bag sits beside him.

T-BAG	: So you're the new one I've been hearin' all the rave reviews about. (whispers) Scofield. One thing's for sure. You're just as pretty as advertised. Prettier even. Heh-heh-heh.

11. 외부. 폭스 리버. 운동장. 낮

마이클은 관람석으로 걸어 올라가 주위를 둘러보고는 그 위에 자리를 잡고 앉는다. 그는 같은 나사못을 찾아 더듬거리고는 눈에 띄지 않게 25센트짜리 동전을 관람석 볼트의 홈이 파인 머리 부분에 끼어넣는다. 그는 천천히 그 볼트를 돌리기 시작한다. 한 수감자가 그에게 말을 건다.

수감자	: 자리 잘못 잡았어, 신참. 여긴 티백님 구역이거든.
마이클	: 누구?
수감자	: 예의를 갖춰 말하는 게 좋아, 신참. 앨라배마 주에서 6명의 소년 소녀를 납치한 후 강간하고 살인하신 분이시다. 순서를 바꿔가면서 말이다.

마이클은 주위를 살피며 계속 나사못을 돌린다.

마이클	: 티백에게 본명은 있나?
티 백	: (목소리) 그게 내 본명이다.

한 불쾌하게 생긴 남자가 다가온다. 그 뒤를 따라오면서 티백의 뒤집혀진 주머니를 붙잡고 있는 자는 메이택으로, 티백의 감방 동료이자 복종적인 파트너이다. 마이클은 일어선다.

티 백	: 아냐, 아냐, 아냐, 괜찮아. (손짓을 하면서) 앉아 있어.

마이클은 이에 응하고 티백은 그 옆에 앉는다.

티 백	: 그러니까 네가 평판이 대단한 바로 그 신참이로군. (속삭인다) 스코필드! 소문 하나는 정확하군. 듣던 것만큼 예쁘장해. 더 예쁘군. 헤헤헤.

■ **inconspicuously**
눈에 띄지 않게, 주위를 끌지 않고

■ **slimy**
불쾌한, 더러운, 〈구어〉 비열한
- (of a person or their manner) polite and extremely friendly in a way that is not sincere or honest

■ **comply**
응하다, 따르다
- to obey a rule, an order, etc.

You best speak with respect.
예의를 갖춰 말하는 게 상책이야.

▶ 'You had best speak...'를 줄여서 표현한 것임. 'you had better'의 최상급 표현.

He gives a creepy laugh. Maytag, behind him, drops his smile slightly. T-Bag looks over to the weight pile where African-American inmates sit bench-pressing.

T-BAG   : Rugheads got you scared, do they?

MICHAEL   : I'm sorry?

T-BAG   : I assume that's why you're over here. A few days on the inside, any god-fearing white man realizes the correctional system's got a serious lean toward the African-American persuasion.

MICHAEL   : I hadn't noticed.

He continues to work on the screw.

T-BAG   : They got the numbers, all right, so they think they do as they please.

He turns to his group.

T-BAG   : We got one thing they don't.

He turns back to Michael and takes off a baseball cap.

T-BAG   : Surprise. We gonna take the ball game to them real soon. It's gonna be nasty for a first-timer like you, ...

Many African-Americans watch them across the yard.

그는 소름 끼치는 웃음을 웃는다. 메이택은 그 뒤에서 미소를 약하게 보낸다. 티백은 아프리카계 미국인 수감자들이 의자에서 역기를 들고 있는 바벨 더미를 건너다본다.

티 백 : 깜둥이들 때문에 겁나나?
마이클 : 뭐라고?
티 백 : 그래서 이리 온 거잖아. 빵에서 며칠 지내면 교도소 교정 시스템이 심각하게 흑인에게 편중된 걸 알게 되지.
마이클 : 미처 몰랐는데.

그는 계속해서 나사못을 돌린다.

티 백 : 숫자가 많긴 하지, 그래서 놈들은 자기들 마음대로 한다고 생각하고 있지.

그는 자기 동료들에게 돌아선다.

티 백 : 대신 우리에겐 저들이 없는 게 있지.

그는 마이클에게 돌아서며 야구 모자를 벗는다.

티 백 : 기습 공격 능력이지. 빠른 시일 내에 힘을 장악하게 될 거다. 너 같은 신참한테는 그게 비겁할 거야…

많은 아프리카계 미국인들이 운동장 건너편에서 그들을 지켜본다.

■ **creepy**
소름 끼치는, 오싹한, 비굴한
- causing an unpleasant feeling of fear or slight horror
- strange in a way that makes you feel nervous

■ **weight**
바벨, 포환, 해머

■ **correctional**
교정의
- concerned with improving the behaviour of criminals, usually by punishing them

■ **nasty**
더러운, 불쾌한, 추잡한, 음란한
- very bad or unpleasant
- unkind
- unpleasant
- dangerous or serious
- offensive
- in bad taste

I'm sorry?

뭐라고?

▶ 되물을 때 사용하는 표현으로 'What?, Excuse me?, What did you say?' 등과 같다.

T-BAG : (quickly) ... but we'll protect you. I'll protect you. All you gotta do is ...

He slaps Maytag's hand from his pocket.

T-BAG : ... take this pocket right here, and your life'll be all peaches and cream.

Maytag looks at Michael with obvious jealousy. He retakes the pocket.

T-BAG : I walk, you walk with me. I'm gonna keep you real close so no one up in here can hurt you.

MICHAEL : (referring to the glaring Maytag) Looks to me like you already got a girlfriend.

T-Bag smiles. He slaps away Maytag's hand again and stands up, pulling his other pocket out.

T-BAG : I got a whole 'nother pocket over here.

MICHAEL : (looking away) I'll pass.

He is still unscrewing the bolt.

T-BAG : (smiles teasingly) I don't protect you, that rughead's gonna gobble you up like a plate of black-eyed peas.

MICHAEL : (cutting him off) I said no.

T-BAG : (no more fun, threateningly) You'd best move then. Now.

1. WHAT, YOU GOT A KEY?

티 백 : (빨리) … 하지만 우리가 보호해 줄게. 내가 보호해 줄게. 네가 할 일은 말이야…

그는 메이택의 손을 자신의 주머니에서 찰싹 때려 치운다.

티 백 : … 지금 여기서 이 주머니를 잡는 거야. 그럼 네 인생은 피게 되는 거지.

메이택은 분명히 질투심에 사로잡혀 마이클을 바라본다. 그는 주머니를 다시 잡는다.

티 백 : 내가 걸으면, 너도 나와 함께 걸어. 내가 가까이서 감히 그 누구도 널 해치지 못하게 할 거다.
마이클 : (노려보는 메이택을 보면서) 내가 보기엔 벌써 애인이 있는 것 같은데.

티백은 미소를 짓는다. 그는 메이택의 손을 다시 쳐서 치우며 일어서서는 다른 쪽 주머니를 뒤집어 꺼낸다.

티 백 : 이쪽에 다른 주머니도 있어.
마이클 : (시선을 돌리면서) 사양하겠어.

그는 여전히 나사못을 돌려 풀고 있다.

티 백 : (짓궂게 웃는다) 내 보호 없인 깜둥이들한테 손쉽게 따 먹히게 될걸.
마이클 : (그의 말을 막으면서) 싫다고 했어.
티 백 : (더 이상 재미가 없다. 협박조로) 그럼 꺼지는 게 상책일걸. 당장.

■ **peaches and cream**
〈속어〉훌륭한, 어려움이 없는, 근사한, (얼굴이) 혈색이 좋고 윤기가 흐르는

■ **glaring**
(눈이) 노려보는, 쏘아보는
- (of something bad) very easily seen
- (of a light) very bright and unpleasant
- angry
- fierce

■ **teasing**
짓궂게 괴롭히는, 들볶는, 귀찮은
• tease
 - to laugh at somebody and make jokes about them either in a friendly way or in order to annoy or embarrass them
 - to annoy an animal, especially by touching it, pulling its tail, etc.
 - to make somebody sexually excited, especially when you do not intend to have sex with them

■ **gobble**
게걸스럽게 먹다, 삼키다, 탐욕스럽게 덤비다
- to eat something very fast, in a way that people consider rude or greedy

Looks to me like you already got a girlfriend.
벌써 애인이 있는 것 같아 보이는데.

▶ 'It looks like…'에서 'it'가 생략된 구문임. 'to me'는 없어도 됨.

35

Michael calmly stands and slowly walks off the bleachers.

T-BAG : You come around these bleachers again, it's gonna be more than just words we're exchanging.

He replaces his hat back on his head, watching Michael go away.

T-BAG : Know what I'm sayin'?

Pan down to the bolt. It's halfway unscrewed.

12. INT. COURTHOUSE. LOBBY. DAY
Veronica walks up to a big black man. She hunts down a lawyer named Tim Giles, Lincoln's public defender. She speaks with him as they walk toward the door.

VERONICA : Excuse me. Are you the Tim Giles that represented Lincoln Burrows?

GILES : If you're a reporter, I ...

VERONICA : I'm not a reporter.

They start to walk.

VERONICA : I know the defendant personally.

GILES : You family?

VERONICA : Not exactly.

She pauses.

VERONICA : We were in a relationship a few years back.

1. WHAT, YOU GOT A KEY?

마이클은 침착하게 일어서서 천천히 관람석을 떠난다.

티 백   : 또 관람석에서 얼쩡대면 대화 정도로 끝나지 않아.

그는 마이클이 가는 것을 지켜보며 모자를 다시 쓴다.

티 백   : 내 말 알아들어?

카메라가 볼트로 내려가 비춘다. 그것은 반 정도 나사가 풀렸다.

12. 내부. 법정. 로비. 낮

베로니카가 한 덩치 큰 흑인에게 다가간다. 그녀는 링컨의 관선 변호인인 팀 자일스라고 하는 변호인을 찾고 있다. 그녀는 문을 향해 걸으며 그와 말을 나누고 있다.

베로니카   : 실례합니다. 링컨 버로스를 담당했던 팀 자일스 씨인가요?
자일스   : 당신이 기자라면, 난…
베로니카   : 전 기자가 아니에요.

그들은 걷기 시작한다.

베로니카   : 개인적으로 피고를 잘 알아요.
자일스   : 그럼 가족?
베로니카   : 아니에요.

그녀는 잠시 멈춘다.

베로니카   : 몇 년 전 헤어진 전 애인이에요.

■ **hunt down**
추적하여 잡다, 몰아대다, 몰아넣다
- to search for somebody until you catch or find them, especially in order to punish or harm them

■ **public defender**
관선 변호인
- (in the U.S.) a lawyer who is paid by the government to defend people in court if they cannot pay for a lawyer themselves

We were in a relationship a few years back.
몇 년 전에 애인 사이였죠.

▶ 'be in a relationship'은 특히 남녀 관계에서 연인 사이에 있음을 말한다.

37

GILES: (struggles for the words) Well, look, ma'am, I, uh, I don't know what to tell you. I mean, the man was guilty. The ... the prosecution's case was a slam dunk.

VERONICA: Because the victim was the Vice President's brother?

They start walking together.

GILES: If your suggesting that the federal government rammed this thing through, hey, I take offense to that, 'cause I fought for that guy.

VERONICA: That's not what I meant.

They stop again.

GILES: (sighing) The evidence was there. Lincoln worked for Steadman's company. He gets into a public altercation with the guy, so he gets fired. Two weeks later, Steadman's shot dead. The murder weapon's found in Lincoln house and the victim's blood 's found on his clothes. Trust me. There are cases you lose sleep over, but this isn't one of 'em.

He begins to walk on. Veronica sighs and hurries after him.

VERONICA: What about Crab Simmons? Lincoln said he could exonerate him. Why didn't you put him on the stand?

1. WHAT, YOU GOT A KEY?

자일스 : (말을 찾느라 애를 쓴다) 저, 부인, … 어떻게 말해야 할지 모르겠지만 그 자는 유죄였어요. … 검사측의… 완벽한 승리였죠.

베로니카 : 부통령 동생이 희생자라서요?

그들은 다시 걷기 시작한다.

자일스 : 주 정부에서 무리하게 처리했다는 건 저도 인정해요. 내가 변호인이었으니까.

베로니카 : 그런 뜻이 아니에요.

그들은 다시 멈춘다.

자일스 : (한숨을 쉬면서) 증거가 너무 확실했소. 링컨은 스테드먼 회사에서 일했어요. 공개 석상에서 그 자와 언쟁을 벌여 해고당했고, 2주 후 스테드먼을 죽인 총이 링컨 집에서 발견됐소. 그리고 그의 옷에서 희생자의 피가 발견됐어요. 제 말을 믿으세요. 이건 절대 밤잠을 설칠 만한 사건이 아니었어요.

그는 걸어가기 시작한다. 베로니카는 한숨을 쉬고는 급히 그를 뒤쫓는다.

베로니카 : 크랩 시몬스는요? 링컨은 그가 결백을 입증할 거라는데. 왜 그를 증인석에 세우지 않았죠?

■ **prosecution**
〈법률〉 기소, 고발, 검찰 당국, 기소자측
- the process of trying to prove in a court of law that somebody is guilty of a crime (= of prosecuting them)
- the process of being officially charged with a crime in a court of law
- (the prosecution) a person or an organization that prosecutes somebody in a court of law, together with the lawyers, etc.

■ **offense**
무례, 모욕, 기분을 상하게 하는 것
- an illegal act
• take offense
성내다

■ **altercation**
언쟁, 격론
- a noisy argument or disagreement

■ **exonerate**
무죄가 되게 하다, 비난에서 해방시키다, 무고함을 밝히다
- to officially state that somebody is not responsible for something they have been blamed for

■ **stand**
법정의 증인석
- the place in a court of law where people stand to give evidence

There are cases you lose sleep over.
잠이 안 올 정도로 걱정할 사건들이 있다.

▶ 'lose sleep over'는 구어체로 '~에 대해 잠이 안 올 정도로 걱정하다'의 뜻.

They stop again.

GILES : The man's a five-time felon. He ... he had no credibility.

VERONICA : So you wouldn't mind if I paid him a visit?

GILES : Be my guest. But I don't think it'll do you any good.

He walks off, leaving her alone in the lobby.

그들은 다시 멈춘다.

자일스 : 전과 5범 말을 누가 믿어 주겠소!
베로니카 : 그럼 제가 그 사람을 만나봐도 될까요?
자일스 : 마음대로 하시오. 그래 봐야 소용없겠지만.

그는 로비에 베로니카를 홀로 남겨 둔 채 자리를 뜬다.

■ felon
〈법률〉 중죄 범인, 악한
- a person who has committed a felony

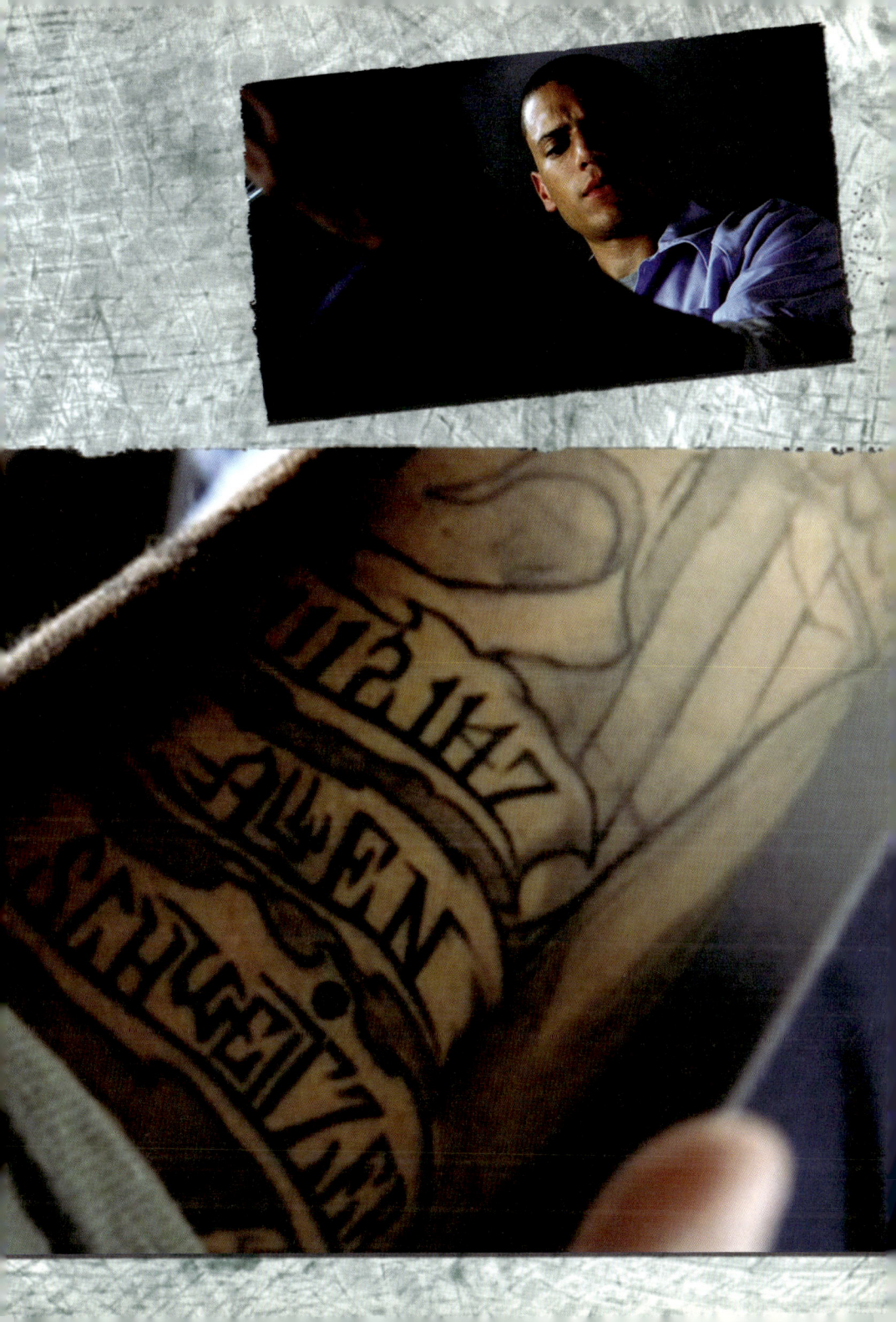

13. INT. LINCOLN'S CELL ON DEATH ROW. DAY
Lincoln sits in a dark corner. He leans forward and touches a sliver of light that's shining on the wall. He leans against it. He looks up into the light in agony.
Flashback

14. INT. LINCOLN'S APARTMENT. BEDROOM. DAY
Lincoln and Veronica are in a bed together. He is sitting up.

LINCOLN : Strange feeling. Don't know how to explain it.

He shakes his head and looks over at Veronica. He wiggles to lie next to her.

LINCOLN : You know, um, usually my whole life, it's always been crazy ...

As he speaks, the camera zooms in on some papers and a graduate's hat. The paper is from School of Law, Baylor University for Veronica Donovan. It shows she took the doctor's degree in law.

LINCOLN : ... and noisy. Maddening, you know, in my head. But right now it's quiet.

He strokes her hair and kisses her shoulder.

LINCOLN : Perfect. I'm glad you came back.

Veronica rolls over to face him and smiles.

VERONICA : I thought about you the whole time.

2. I THOUGHT ABOUT YOU THE WHOLE TIME

13. 내부. 한 줄로 늘어선 사형수 감방의 링컨 감방. 낮
링컨이 어두운 구석에 앉아 있다. 그는 앞으로 몸을 기대어 벽 위를 비치는 은색 빛을 받는다. 그는 벽에 기댄다. 그는 고뇌하면서 그 빛 속을 응시한다.
플래시백.

14. 내부. 링컨의 아파트. 침실. 낮
링컨과 베로니카가 같이 침대에 있다. 그는 일어나 앉는다.

링 컨 : 이상한 기분이야. 뭐라 설명할 순 없지만 말이야.

그는 머리를 저으며 베로니카를 바라본다. 그는 그녀 옆에 눕기 위해 몸을 움직인다.

링 컨 : 내 삶은 늘 소란스럽고 정신 없었는데…

그가 말을 할 때 카메라는 움직이면서 서류와 졸업식 모자를 비춘다. 그 서류는 베일러 대학교 법과 대학에서 발행한 것으로 베로니카 도노반이 법학 박사 학위를 수여 받았음을 보여준다.

링 컨 : … 머릿속이 시끄럽도록… 그런데 갑자기 조용해졌어.

그는 그녀의 머리를 쓰다듬으며 그녀의 어깨에 키스를 한다.

링 컨 : 완벽해. 돌아와줘 기뻐.

베로니카가 몸을 굴러 그를 마주 보고 웃는다.

베로니카 : 난 늘 자기만을 생각했어.

■ **sliver**
찢어진 조각, 가느다란 조각
- a small or thin piece of something that is cut or broken off from a larger piece

■ **wiggle**
몸을 좌우로 움직이다, 파동 치다, 뒤흔들다
- to move from side to side or up and down in short quick movements
- to make something move in this way

■ **maddening**
미치게 하는, 화나는, 미칠 듯한, 〈구어〉광포한

Don't know how to explain it.
뭐라 설명할지 모르겠어.

▶ 'I don't know how I should explain it.'과 같은 표현.

LINCOLN : (softly) You know I, uh, made a lot of mistakes in my life. I know that. I'm gonna make it right.

VERONICA : (confidently) I know you will.

They kiss. Then Lincoln sits up and pulls away to get something from the nightstand.

VERONICA : What are you doing?

Lincoln picks up a digital camera and points it at them.

LINCOLN : I want to remember this.

VERONICA : (laughing) No.

She pulls a pillow over her face.

LINCOLN : Oh, come on. Come on, V., please. Just one.

VERONICA : Okay.

She relents, pushes the pillow away.
She kisses Lincoln's face, and Lincoln takes a photo.
End flashback.

15. INT. LINCOLN'S CELL. DAY
Lincoln slides down the wall of his cell, lost in memory.

16. EXT. FOX RIVER. YARD. DAY
Michael walks with C-Note. One of C-Note's friends, Trumpas, walks next to him.

C-NOTE : (to Trumpas) Take it easy, man.

Trumpas steps back.

2. I THOUGHT ABOUT YOU THE WHOLE TIME

링 컨 : (부드럽게) 알다시피 난 살아오면서 많은 실수를 했어. 인정할게. 이젠 제대로 할 거야.

베로니카 : (확신을 갖고) 나도 알아.

그들은 키스를 한다. 그리고는 링컨이 일어나 앉으며 몸을 빼 침실용 탁자에서 뭔가를 집어 든다.

베로니카 : 뭐 하는 거야?

링컨은 디지털 카메라를 집어 들고는 그들 둘을 향해 들이댄다.

링 컨 : 이 순간을 기억하고 싶어.

베로니카 : (웃으면서) 싫어.

그녀는 얼굴 위에 베개를 당겨 덮는다.

링 컨 : 어서, 베로니카, 딱 한 장만 찍자.

베로니카 : 좋아.

그녀는 마음이 누그러지며 베개를 치운다.
그녀는 링컨의 얼굴에 키스를 하고 링컨은 사진을 찍는다.
플래시백이 끝난다.

15. 내부. 링컨의 감방. 낮.
링컨이 추억에 망연자실하며 자신의 감방 벽에서 미끄러진다.

16. 외부. 폭스 리버. 운동장. 낮.
마이클이 씨노트와 함께 걷는다. 씨노트의 친구인 트럼파스가 그 옆에 걷는다.

씨노트 : (트럼파스에게) 걱정 마.

트럼파스는 뒤로 물러선다.

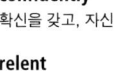

- **confidently**
  확신을 갖고, 자신 있게

- **relent**
  마음이 누그러지다
  - to finally agree to something after refusing
  - to become less determined, strong, etc.

- **lost in memory**
  생각에 잠겨, 망연자실하여

I'm gonna make it right.
이젠 제대로 할 거야.

▶ 'make it right'은 '제대로 하다', 'get it right'는 '올바르게 이해하다', 'set it right'는 '정돈하다'의 의미이다.

55

MICHAEL : How we doin' on the PUGNAc?

C-NOTE : Hey, I'm workin' on it.

MICHAEL : Well, work faster. I need that stuff tonight.

C-Note stops and pulls Michael aside.

C-NOTE : What's up there in that infirmary that you need so bad?

MICHAEL : (mysteriously) You get me that PUGNAc, and maybe I'll tell you.

He walks away. C-Note watches him go away doubtfully.

17. EXT. BLEACHERS AREA. DAY
Michael sits on T-Bag's bleachers again, working at the bolt. T-Bag walks through the gate of the yard followed by Maytag. He spots Michael and walks toward him, just as Michael wiggles the bolt free. He pulls it to one side.

T-BAG : Uh-uh-uh. Thought we had an understanding. This here's for the family. You made it pretty clear you ain't blood.

Shot goes down to the screw that Michael is gripping tightly in his hand.

T-BAG : How about you hand that over?

Michael glares at him deciding the smartest course of action. He jumps off the bleachers and hands it over.

T-BAG : Nice lookin' piece of steel. Bit of work. You could do some serious damage with it.

마이클	: 퍼그낵은 구했어?
씨노트	: 이봐, 작업 중이야.
마이클	: 서둘러. 오늘 밤에 필요해.

씨노트가 멈춰 서며 마이클을 옆으로 끈다.

| 씨노트 | : 의무실에 뭐가 있는데 그렇게 안달이야? |
| 마이클 | : (얼굴단호하게) 퍼그낵을 구해주면 말해 줄 수도 있어. |

그는 자리를 뜬다. 씨노트는 그가 가는 것을 의심스럽게 바라본다.

17. 외부. 관람석 지역. 낮

마이클이 다시 티백의 관람석에 앉아서 그 나사못을 돌리고 있다. 티백이 메이택을 데리고 운동장 문을 통해 걸어 들어온다. 그는 마이클을 보고는 그를 향해 걸어 온다. 그때 마이클은 몸을 움직여 그 나사못을 뺀다. 그는 그것을 한 쪽으로 빼낸다.

| 티 백 | : 이것봐. 우리 다 얘기가 된 걸로 아는데. 이곳은 우리 구역이라고. 넌 우리 일원이 아니라고 확실히 말했잖아. |

카메라는 마이클이 손에 꽉 움켜쥐고 있는 나사못으로 내려간다.

| 티 백 | : 그거 이리 넘기시지? |

마이클은 그를 응시하며 가장 현명한 행동 지침을 결정한다. 그는 관람석에서 뛰어내려 그것을 넘긴다.

| 티 백 | : 꽤 멋진 쇳조각이군. 약간만 힘쓰면 심각한 상처를 낼 수 있겠어. |

■ **stuff**
물건, 사물, 잡동사니
- used to refer to a substance, material, group of objects, etc. when you do not know the name, when the name is not important or when it is obvious what you are talking about

■ **spot**
〈구어〉발견하다, 분별하다, 분간하다
- to see or notice a person or thing, especially suddenly or when it is not easy to do so

■ **grip**
꽉 잡다, 움켜쥐다, 움켜잡다
- to hold something tightly

■ **do damage**
손해를 입히다, 손해를 끼치다
- to cause physical harm which makes it less attractive, useful or valuable
- to give harmful effects on somebody/something

How about you hand that over?
그거 넘기는 게 어때?

▶ 'How about handing that over?'의 뜻으로 'how about' 다음에는 절도 쓰인다.

He pauses to study Michael's face.

T-BAG : The question is, who is it you was plannin' on damaging? I seen you with the negroes, you know. What, maybe you're one of them milk chickens? (gestures to his head) All confused like? White on the outside, black as tar on the inside. Maybe we oughta take a look at them insides and find out, huh?

C.O. Patterson steps close to them.

C.O. PATTERSON : Girl Scouts, ...

T-Bag turns to look at him.

C.O. PATTERSON : ... is there a problem over there?

T-Bag reaches his arms up, feigning a yawn and discreetly slips the bolt behind his shoulder to Maytag who puts it in his pocket.

T-BAG : Think we'll just hang onto this, if that's okay with you.

C.O. PATTERSON : Hey, I'm not gonna ask you again. Let's break up the party, ladies.

T-BAG : (to Michael) You heard the man, little dogie. Get along.

그는 마이클의 얼굴을 살피기 위해 잠시 멈춘다.

티 백 : 문제는 이걸로 누굴 해치려는 거냐겠지. 깜씨들이랑 어울리던데. 깜둥이 문화에 심취한 얼빠진 백인이신가? (그의 머리를 손짓으로 가리킨다) 겉만 하얗고 안은 시꺼먼 놈 말이야. 직접 속에 어떤지 한번 확인해 봐야겠어, 어때?

패터슨 교도관이 그들에게 다가 선다.

패터슨 교도관 : 소녀단원들, …

티백은 돌아서서 그를 본다.

패터슨 교도관 : … 거기 무슨 문제 있나?

티백은 자신의 팔을 뻗쳐 하품을 하는 시늉을 하며 신중하게 어깨 너머로 메이택에게 그 볼트를 건네 준다. 메이택은 그것을 주머니에 넣는다.

티 백 : 괜찮다면 이건 우리가 맡아두지.
패터슨 교도관 : 이봐, 다신 안 묻겠다. 그만 해산하지, 숙녀분들.
티 백 : (마이클에게) 말씀 들었잖아, 신참. 꺼지라구.

■ **tar**
타르(석면, 목재를 건류하여 얻은 검은색의 기름 같은 액체)
- a thick black sticky liquid that becomes hard when cold. Tar is obtained from coal and is used especially in making roads
- a substance similar to tar that is formed by burning tobacco

■ **discreetly**
분별 있게, 지각 있게, 사려 깊게
- discreet
  - careful in what you say or do, in order to keep something secret or to avoid causing embarrassment or difficulty for somebody

Let's break up the party, ladies.
숙녀분들, 그만 해산하지.

▶ 'break up'은 '~을 해산하다, 흩뜨리다, 해체하다'의 뜻이다.

Michael glances over at Patterson and then glares at T-Bag. He, not wanting to leave without the screw, is reluctant. But he slowly walks away anyway.
T-Bag and Maytag watch him go away smiling creepily.

18. INT. CELL BLOCK. DAY
The cell block is empty. Bellick walks along the second tier, stopping by Michael's cell.

19. INT. MICHAEL'S CELL. DAY
Bellick cautiously steps inside and does a quick check under the mattresses and other areas for contraband. Nothing is found. So he goes to the desk and lifts things up and shakes them around. Nothing strange is found again. He scans the desk. Squatting down, he notices indentation markings on a small notepad. Curious, he rubs it with his finger, then pulls out a pencil and begins to rub over the markings with his pencil to outline them until a name appears. The notes Michael made earlier from his tattoo are "Schweitzer Allen 11121147." He rips the piece off and holds it up. He watches it, looking serious.

20. EXT. FOX RIVER. YARD. DAY
Shot pans over the yard and then down to Michael walking along the chain-link fence.
Michael walks around, glancing over to Abruzzi standing in front of the Yard Department. He leans against the fence, mentally preparing himself, then walks over to him.

MICHAEL : (looking around) What's it take to shake down another inmate? Get something he's taken from you?

ABRUZZI : It would take Fibonacci.

MICHAEL : Well, I'll give you Fibonacci, I promise you that. (glances away) When the time is right.

ABRUZZI : The time is right now.

마이클은 패터슨을 한번 쳐다보고는 다시 티백을 노려본다. 그는 그 나사못을 갖지 못한 채 떠나고 싶지 않아서 마음이 내키지 않는 표정이다. 하지만 어쨌든 그는 천천히 자리를 뜬다.
티백과 메이택은 소름 끼치는 모습으로 웃으며 그가 가는 것을 지켜본다.

18. 내부. 감방 블록. 낮
감방이 모여 있는 블록은 텅 비어 있다. 벨릭이 이층 단을 따라 걸어 와 마이클의 감방 앞에 선다.

19. 내부. 마이클의 감방. 낮
벨릭은 주의 깊게 안으로 들어가서는 반입품이 있는지 확인하기 위해 매트리스 밑과 다른 장소를 재빠르게 뒤진다. 아무것도 발견되지 않는다. 그는 책상으로 가서 물건들을 집어 들고 이리저리 흔들어 본다. 다시 이상한 게 아무것도 발견되지 않는다. 그는 책상 위를 대충 훑어 본다. 웅크리고 앉으면서 그는 작은 메모지 철 위에서 움푹 들어간 표시를 목격한다. 호기심이 발동하면서 그는 그것을 손가락으로 문지르고는 연필을 꺼내 한 이름이 나타날 때까지 연필로 그 표를 문질러 글자의 윤곽이 나타나게 한다. 마이클이 일찍이 자신의 문신에 새긴 그 글자는 '슈바이처 앨런 11121147' 이다. 그는 그 메모지를 뜯어 내어 집어 든다. 그는 심각한 얼굴로 그것을 바라본다.

20. 외부. 폭스 리버. 운동장. 낮
카메라는 운동장을 비추며 내려가서는 쇠사슬로 연결된 울타리를 따라 걷고 있는 마이클을 비춘다.
마이클은 운동장부 앞에 서 있는 아브루치를 보면서 이리저리 걷는다. 그는 울타리에 기대고는 마음속 준비를 하고 난 후 그에게 걸어간다.

마이클	: (주위를 살피면서) 수감자에게 빼앗긴 물건을 되찾으려면 어떻게 해야 하지?
아브루치	: 그러려면 피보나치를 넘겨.
마이클	: 넘길게. 그건 걱정하지 마. (시선을 돌린다) 시간이 되면 넘길 테니까.
아브루치	: 지금이 그때야.

- **tier**
  (계단식 관람석 등의) 단, 층, 줄
  - a row or layer of something that has several rows or layers placed one above the other

- **squat**
  웅크리다, 쪼그리고 앉다
  - to sit on your heels with your knees bent up close to your body

- **indentation**
  벤 자국, 움푹 들어 감, 들여 짬
  - a cut or mark on the edge or surface of something

- **notepad**
  메모장, 메모지철
  - sheets of paper that are held together at the top and used for writing notes on

- **note**
  초고, 문안, 단신, 기호

- **shake down**
  〈속어〉돈을 빼앗다, 갈취하다, 철저히 뒤지다
  - to search a person or place in a very thorough way
  - to threaten somebody in order to get money from them

It would take Fibonacci.
그러려면 피보나치가 필요하지.

▶ 가정법 구문으로 조건절이 생략되어 있다. 'take'는 'it'을 주어로 '필요로 하다, 들다, 요하다'의 뜻.

MICHAEL : No, the time is right when you and I are both standing outside those walls. You're sitting on life without parole. You're never gonna stand outside those walls again. Not unless you knew someone. Someone who knew a way out. What do you say, John?

ABRUZZI : I say I've heard nothing but blabber.

They looks at each other for a while and then Abruzzi walks off. Michael's face falls a bit, showing a glimpse of frustration. He sighs and looks around.

21. INT. FOX RIVER. OPEN VISITING AREA. DAY
The visitation room. The door opens and Abruzzi enters. He finds Philly Falzone waiting for him. He approaches him and a partner, Gavin Smallhouse.

ABRUZZI : Philly Falzone.

He smiles grimly.

ABRUZZI : It's an honor. What are you doin' here?

FALZONE : Well I, uh, I just thought we'd, you know, fraternize.

SMALLHOUSE : He looks like it, doesn't he?

ABRUZZI : Looks what?

SMALLHOUSE : Like everybody's been saying.

Abruzzi sits down warily.

SMALLHOUSE : You got no sack. You've been neutered.

ABRUZZI : (laughing softly) You shouldn't talk to me like that. You used to pick up my laundry.

마이클 : 아니, 우리 둘이 저 담장 밖으로 나갔을 때야. 종신형이라 그 쪽이 다시 밖에 나가긴 글렀지만 나갈 방법을 알고 있는 친구만 있다면 얘긴 달라지지. 어때, 존?

아브루치 : 헛소리 집어치워.

그들은 잠시 서로를 바라보고는 아브루치가 자리를 뜬다. 마이클은 좌절의 기미를 보이며 약간 머리를 숙인다. 그는 한숨을 쉬며 주위를 살핀다.

21. 내부. 폭스 리버. 공개 면회 지역. 낮

면회실. 문이 열리고 아브루치가 들어온다. 그는 필리 팔조네가 자신을 기다리고 있는 것을 발견한다. 그는 그와 그의 파트너인 개빈 스몰하우스에게 다가간다.

아브루치 : 필리 팔조네.

그는 험악하게 웃는다.

아브루치 : 영광이군. 여긴 웬 일이지?
팔조네 : 저, 그냥 대화나 해볼까 해서.
스몰하우스 : 정말 그래 보이지 않아요?
아브루치 : 어떻게 보인다는 거야?
스몰하우스 : 모두들 말하는 것처럼 말이지.

아브루치가 방심하지 않으며 앉는다.

스몰하우스 : 자네가 거세당했다는 소문이 돌더군.
아브루치 : (부드럽게 웃으면서) 감히 그런 소릴 하다니. 내 뒤치닥거리나 하던 주제에.

■ **fraternize**
형제처럼 친하게 사귀다, 화목하다
- to behave in a friendly manner, especially towards somebody that you are not supposed to be friendly with

■ **warily**
방심 않고, 조심하여
• wary
- careful when dealing with somebody/something because you think that there may be a danger or problem

■ **neuter**
거세하다
- to remove part of the sex organs of an animal so that it cannot produce young

I say I've heard nothing but blabber.
주책 없이 지껄여대지 마.

▶ 'blabber = blab' '(비밀을) 주책없이 지껄여댐' nothing but = except

SMALLHOUSE : Not anymore, John.

Falzone tries to distract the two.

FALZONE : John, word is that someone in here knows where Fibonacci is, and you're not doin' anything about it.

ABRUZZI : I'm workin' on it.

FALZONE : Well, you're not workin' on it fast enough. Apparently Fibonacci's comin' up for air again. Next month, a congressional hearing.

He looks around.

FALZONE : Now, if he testifies at that hearing, a lot of people are goin' down, including me. Now, I've known you a long time. Our wives are friends, our kids go to the same Catholic school. Now, it would be a shame if anything were to happen to your kids. I know my kids would miss them.

Abruzzi looks extremely anxious.

ABRUZZI : You don't need to do this.
FALZONE : I do.
ABRUZZI : I'll get this guy. We'll get Fibonacci.
FALZONE : Well, for everyone's sake, I hope you're right.

2. I THOUGHT ABOUT YOU THE WHOLE TIME

스몰하우스 : 이젠 달라, 존.

팔조네는 그 두 사람의 주의를 딴 데로 돌리려고 애를 쓴다.

팔조네 : 존, 여기 피보나치의 행방을 아는 자가 있는데 네가 그놈을 가만둔다고 하던데.
아브루치 : 작업 중이야.
팔조네 : 빨리 처리해. 확실히 피보나치가 다시 부상할 거라는 소문이야. 다음 달에 연방 청문회가 있어.

그는 주위를 살핀다.

팔조네 : 그 청문회에서 놈이 증언한다면 많은 사람이 다치게 돼. 나를 포함해서. 우린 오래 알고 지낸 사이잖아. 아내들은 친구고, 아이들은 같은 가톨릭 학교에 다니고. 자네 애들이 다치면 맘 아프지. 우리 애들도 그리워할 테고.

아브루치는 몹시 걱정스러운 표정이다.

아브루치 : 이럴 필요까진 없어.
팔조네 : 난 있어.
아브루치 : 놈을 족칠 거야. 피보나치를 잡게 되겠지.
팔조네 : 모두를 위해 그러길 바래.

■ **hearing**
(법정 따위에서의) 증언(의견) 청취, 청문회, 심리
- an official meeting at which the facts about a crime, complaint, etc. are presented to the person or group of people who will have to decide what action to take
- an opportunity to explain your actions, ideas or opinions

■ **testify**
증언하다, 증인이 되다, 입증하다
- to make a statement that something happened or that something is true, especially as a witness in a court of law
- to say that you believe something is true because you have evidence of it

Word is that someone in here knows ...
여기 …을 알고 있는 자가 있다고 하던데.

▶ 'word'는 보통 무관사로 '기별, 소식, 전언'의 의미.

ABRUZZI   : I am.

FALZONE   : Be well, John.

Falzone and Smallhouse stand to leave.

ABRUZZI   : Thank you.

The two walk away. But Abruzzi is sitting still without looking at them.

22. INT. SUCRE'S CELL. DAY
Sucre is pacing up and down the cell floor.
Finally, he bangs on his cell door.

SUCRE   : Yo, badge, I gotta use the phone!

He turns away. The window on his door slides open and he turns around. C.O. Stolte looks through.

C.O. STOLTE : (sarcastically) Sure, no problem. You want a pizza and a pedicure, too?

SUCRE   : No, it's Monday, man. I gotta call my girl. She's expecting my call!

C.O. STOLTE : Put a sock in it. You got nothing coming.

He slams the cell window shut.

SUCRE   : No, no, no, man! No, man!

Sucre bangs on the door again before turning away, upset.

| 아브루치 | : 걱정 마. |
| 팔조네 | : 몸 조심해, 존. |

팔조네와 스몰하우스는 가려고 일어선다.

| 아브루치 | : 고맙군. |

두 사람은 자리를 뜬다. 하지만 아브루치는 그들을 보지 않고 조용히 앉아 있다.

22. 내부. 수크레의 감방. 낮
수크레가 감방 바닥을 이리저리 왔다갔다한다.
마침내 그는 감방 문을 쾅쾅 두드린다.

| 수크레 | : 어이, 교도관, 나 전화 좀 씁시다! |

그는 돌아선다. 감방 창문이 쓱 열리자 그는 돌아선다. 스톨트 교도관이 들여다 본다.

스톨트 교도관	: (빈정대며) 그럼요, 문제 없어요. 피자도 먹고 발톱 미용도 할래?
수크레	: 아녜요, 월요일이잖아요. 여친에게 전화하기로 했다고요. 여친도 내 전화 기다릴 거고!
스톨트 교도관	: 입 닥쳐. 꿈도 꾸지 마.

그는 감방 문을 쾅 하고 닫는다.

| 수크레 | : 안 돼, 제발, 교도관! |

수크레는 다시 문을 두드리고는 막막해서 돌아선다.

■ **pace**
(고른 보조로) 천천히 걷다, 규칙적으로 왔다갔다 하다
- to walk up and down in a small area many times, especially because you are feeling nervous or angry

■ **sarcastically**
빈정대며, 비아냥거리며, 비꼬며
• sarcastic
  showing or expressing sarcasm
• sarcasm
  a way of using words that are the opposite of what you mean in order to be unpleasant to somebody or to make fun of them

■ **pedicure**
발의 치료, 발톱 미용술
- care and treatment of the feet and toenails

Put a sock in it.
입 닥쳐.

▶ 'put' 대신 'stuff'를 쓰기도 하며 익살 표현으로 '입 닥쳐'의 뜻이다.

23. INT. FOX RIVER. ADMINISTRATIVE OFFICE. DAY

Bellick steps up to a window where an administrative officer sits at a computer. He is holding a notebook.

BELLICK : Hey, pull up the manifest. Is there an Allen Schweitzer in Gen Pop?

OFFICER : (checking the computer) Nope.

BELLICK : How about the S.H.U.?

OFFICER : (Again, checking) Nope.

Bellick looks down at the paper.

OFFICER : Why you asking?

BELLICK : Curious, that's all.

He walks off, slamming a notebook down on a table.

24. INT. FOX RIVER. CHAPEL. DAY

Black and white inmates sit separately. A black inmate sees a white inmate slide a sharp piece of glass across a few bench and slip it down his sleeve.

25. EXT. FOX RIVER. YARD ENTRANCE. DAY

The transfers of weapon items are being passed along by all races over the prison. Someone makes a weapon in his cell, someone passes a weapon in the yard, and someone on the bleachers.

26. EXT. FOX RIVER. YARD. DAY

Prisoners are walking outside for their rec time.
Trumpas walks up to Michael.

2. I THOUGHT ABOUT YOU THE WHOLE TIME

23. 내부. 폭스 리버. 행정실. 낮
벨릭이 한 직원이 컴퓨터 앞에 앉아 있는 창문으로 걸어간다. 그는 공책을 들고 있다.

벨 릭 : 이봐. 수감자 명단 좀 띄워 봐. 일반 수감동에 앨런 슈바이처라고 있나?
직 원 : (컴퓨터를 조사해보면서) 없어요.
벨 릭 : 독방엔 어때?
직 원 : (다시 조사하며) 없는데요.

벨릭은 서류를 내려다본다.

직 원 : 왜 그러는데요?
벨 릭 : 그냥 궁금해서 그래.

그는 테이블 위에 공책을 쾅 내려놓으며 걸어간다.

24. 내부. 폭스 리버. 예배당. 낮
흑인과 백인 수감자들이 따로 앉아 있다. 한 흑인 수감자가 백인 수감자를 바라보는데 그는 날카로운 유리 조각을 벤치 건너 살짝 건네고 그것을 자기 소매 아래로 살짝 끼우고 있다.

25. 외부. 폭스 리버. 운동장 입구. 낮
무기들을 전달하는 행위가 감옥 전체의 모든 인종들 사이에서 진행된다. 감옥에서 무기를 만드는 사람도 있고, 운동장에서 무기를 건네는 사람도 있고, 관람석에서 건네는 사람도 있다.

26. 외부. 폭스 리버. 운동장. 낮
죄수들이 오락 시간을 보내기 위해 밖으로 걸어 나간다.
트럼파스가 마이클에게 걸어온다.

■ **administrative officer**
관리, 행정관

■ **manifest**
(선박, 항공기의) 승객 명단, 적하 목록
- a list of goods or passengers on a ship or an aircraft

■ **slide**
살짝 넣다
- to move easily over a smooth or wet surface
- to make something move in this way
- to move quickly and quietly, for example in order not to be noticed
- to make something move in this way

■ **rec**
〈구어〉 오락
- recreation

Curious, that's all.
궁금한 것 뿐이야.

▶ 'That's all.'(그게 다야)는 매우 편리한 표현으로 상황에 따라 다양하게 사용된다.

TRUMPAS : You hear the trumpets, fish? I know you can. That's Judgement Day. It's coming. Real soon.

Michael looks concerned.

27. INT. CELL BLOCK. DAY
Open tier time. Inmates are enjoying their free time respectively. Someone shouts.

T-BAG : (V.O.) Yo, curly! Come on, Maytag.

28. INT. T-BAG'S CELL. DAY
Michael slips into T-Bag's cell cautiously and looks around for the screw as T-Bag comes down the stairs. T-Bag turns to enter and sees Michael.

T-BAG : What you doin' in my cell?

Michael turns around to look at him.

MICHAEL : I want in.

T-Bag looks disbelievingly at him.

29. INT. C-NOTE'S CELL. DAY
C-Note has been doing sit-ups, but stops to watch this interaction from his cell above them.

30. INT. T-BAG'S CELL. DAY
T-Bag steps into his cell to face Michael, Maytag close behind him.

2. I THOUGHT ABOUT YOU THE WHOLE TIME

트럼파스 : 심상찮은 분위기 눈치 챘지. 신참? 챘겠지. 심판의 날이야. 곧 시작될 거야.

마이클은 걱정스러운 표정이다.

27. 내부. 감방 블록. 낮
층을 개방하는 시간이다. 수감자들은 제각기 자유 시간을 즐기고 있다. 누군가가 소리를 친다.

티 백 : 여, 계집애! 빨리 이리 와, 메이택.

28. 내부. 티백의 감방. 낮
마이클이 조심스럽게 티백의 감방 안으로 들어와 나사못을 찾기 위해 두리번거린다. 그때 티백이 층계를 내려온다. 티백이 방에 들어가려고 몸을 돌리면서 마이클을 본다.

티 백 : 내 감방에서 뭐 하나?

마이클은 그를 보기 위해 돌아선다.

마이클 : 나도 끼겠어.

티백은 믿을 수 없다는 듯이 그를 바라본다.

29. 내부. 씨노트의 감방. 낮
씨노트는 윗몸 일으키기를 하고 있다가 아래쪽에서 이런 거래를 하는 것을 자신의 감방으로부터 보기 위해 동작을 멈춘다.

30. 내부. 티백의 감방. 낮
티백은 자신의 감방으로 들어가 마이클과 얼굴을 맞댄다. 메이택이 그 뒤를 바짝 따른다.

■ **respectively**
각각, 저마다, 제각기
- in the same order as the people or things already mentioned

■ **sit-up**
윗몸 일으키기, 복근 운동
- an exercise for making your stomach muscles strong, in which you lie on your back on the floor and raise the top part of your body to a sitting position

■ **interaction**
상호 작용
• interact
  - to communicate with somebody, especially while you work, play or spend time with them

I want in.
나 끼고 싶어.

▶ 여기서 'in'은 부사로 '끼워져, 실려, 포함하여'의 뜻.

T-BAG : I'm not quite sure I heard that, fish. Did you just say you're in?

He half circles around Michael, talking to his ear.

MICHAEL : That's right.

T-BAG : (laughing softly) You know the old saying, don't you? In for an inch, in for a mile.

MICHAEL : Whatever it takes, you want me to fight, I'll fight. The bolt from the bleachers, that's what it was for.

T-Bag goes to lean on the bars and looks outside.

T-BAG : (lightly) Well, you want to fight, you're gonna get your chance. Next count.

MICHAEL : (worried) Tonight?

T-BAG : Problem with that? 'Cause we're goin' straight at 'em. You better catch a square, fish. We're undermanned in a big way.

MICHAEL : All I need's a weapon.

MAYTAG : (nastily) You want a weapon, bitch?

He waves the bolt in front of Michael's eyes but pulls out a nail file and offers that. The bell rings outside.

MAYTAG : Here you go.

2. I THOUGHT ABOUT YOU THE WHOLE TIME

티 백 : 확실히 못 들었는데, 신참. 끼겠다고 했나?

그는 마이클 주위를 반쯤 돌면서 그의 귀에다 말한다.

마이클 : 맞아.
티 백 : (부드럽게 웃으면서) 속담 알고 있겠지? 한 번 끼면 끝까지 가야 해.
마이클 : 무슨 일이 있어도 싸우라면 싸우겠어. 그래서 관람석에서 볼트도 뽑았던 거고.

티백은 철창 문으로 다가가 기대어 밖을 내다본다.

티 백 : (가볍게) 싸우고 싶다면 기회를 주겠다. 다음 점호 때.
마이클 : (근심스럽게) 오늘 밤?
티 백 : 무슨 문제 있나? 정면 돌진할 거니까, 좁은 곳이 좋아, 신참. 우리가 수적으로 달리니까.
마이클 : 무기만 줘.
메이택 : (역겹게) 무기가 필요해?

그는 마이클의 눈 앞에다가 그 나사못을 흔들지만 손톱 다듬는 줄을 꺼내 그것을 준다.
밖에서 벨이 울린다.

메이택 : 받아.

In for an inch, in for a mile.
한 번 끼면 끝까지 끼이는 거야.

▶ 비슷한 단어가 사용되는 속담 'Give him an inch and he'll take a mile. (친절을 베풀면 상투 위에 올라 앉으려 한다.)'도 같이 알아 두자.

- **square**
  〈속어〉링, 권투장, 〈군사〉연병장, 방진

- **nastily**
  불쾌하게, 역겹게, 추잡하여
  • nasty
    - very bad or unpleasant

- **nail file**
  손톱 다듬는 줄
  - a small metal tool with a rough surface for shaping the fingernails

He slips it into his pocket. A C.O.'s voice calls out.

C.O. : (V.O.) All prisoners return to your cells.

Michael turns to step out, but T-Bag blocks his path with his arm.

T-BAG : You're gonna have to prove yourself before we trust you with the heavy artillery, you know what I'm sayin'?

C.O. : (V.O.) Gates closing!

Michael leaves.
C-Note has been watching them. He turns back, pondering.

31. INT. VERONICA'S OFFICE. DAY

Veronica sits behind a desk. Knocks on the door. Tim Giles enters, waving a yellow package.

GILES : I wanted to apologize for being so short with you before.

VERONICA : No problem.

GILES : The closer it gets to an execution, the harder it becomes. So that's why I wanted to give you this.

He holds out a manila envelope and Veronica takes it.

GILES : It's the, uh, surveillance tape of the garage that night. It was a closed trial, so no one outside of the courtroom saw it. But I thought I could help you out.

2. I THOUGHT ABOUT YOU THE WHOLE TIME

그는 그것을 주머니 속으로 집어넣는다. 교도관의 목소리가 소리를 친다.

교도관 : (목소리) 모두 감방으로 돌아가라.

마이클은 나가기 위해 돌아서는데 티백이 팔로 그의 길을 막는다.

티 백 : 자신을 증명해야만 볼트를 건네주게 될 거야, 무슨 말인지 알지?
교도관 : (목소리) 폐실한다!

마이클이 나간다.
씨노트는 그들을 계속 보고 있다. 그는 생각에 잠기며 돌아선다.

31. 내부. 베로니카의 사무실. 낮
베로니카가 책상 뒤에 앉아 있다. 문에 노크 소리. 팀 자일스가 노란 꾸러미를 흔들며 들어온다.

자일스 : 지난번에 충분한 시간을 못 내서 미안했어요.
베로니카 : 천만에요.
자일스 : 사형 집행이 다가올수록 신경이 예민해지거든요. 그래서 이걸 주고 싶었어요.

그는 누런 봉투를 내밀고 베로니카는 그것을 받는다.

자일스 : 이건 살해 당일 주차장의 감시 테이프입니다. 비공개 재판이라 법정 밖에 누구도 못 봤어요. 하지만 도움이 될 거라 생각했어요.

■ **artillery**
(집합적으로) 포, 대포, 〈속어〉 무기, 흉기
- large, heavy guns which are often moved on wheels
- (the artillery) the section of an army trained to use these guns

■ **ponder**
숙고하다, 곰곰이 생각하다, 심사하다
- to think about something carefully for a period of time

No problem.
천만에요.

▶ '문제 없어, 괜찮아, 천만에.' 등의 뜻으로 구어체에서 유용한 표현이다.

He turns to leave.

VERONICA : With what?

GILES : (turning back again) Closure.

He leaves. Veronica slips the tape out of the package and puts it in her VCR and watches. On the tape, a car pulls into a parking lot square and moment later a man that is obviously Lincoln, walks up to the driver's side window of the car with a gun outstretched. There's a firing, and he looks around before running off. Shortly later, he comes back into the frame, rushes to the passenger's side and rummages through the car, picking something up before running off again. Veronica's eyes widen and her face pales.

32. EXT. FOX RIVER. YARD. DAY
Michael leans by himself against a chain-linked fence. Bellick approaches him from behind on the other side of the fence.

BELLICK : Allen Schweitzer.

Michael turns his head sideways to listen to Bellick.

BELLICK : That name mean anything to you?

MICHAEL : Should it?

BELLICK : I don't know. You tell me.

MICHAEL : (looking ahead) Never heard of the guy.

BELLICK : Are you sure?

MICHAEL : Positive.

Bellick nods, and walks off. Michael looks on after him.

2. I THOUGHT ABOUT YOU THE WHOLE TIME

그는 나가기 위해 돌아선다.

베로니카 : 도움이라니요?
자일스 : (다시 돌아서면서) 정리하는 데요.

그는 나간다. 베로니카는 그 봉투에서 테이프를 꺼내 자신의 비디오테이프 녹화기에 넣고 본다. 테이프에서는 자동차 한 대가 주차장에 들어오고 잠시 후에 분명히 링컨임에 틀림없는 남자가 그 차의 운전석 쪽으로 총을 겨눈 채 다가선다. 발포를 하는 링컨은 주위를 두리번거리며 도망친다. 잠시 뒤, 그는 다시 화면 속으로 들어와 운전석 옆 승객석 쪽으로 달려가 차를 뒤지고는 뭔가를 집어서는 다시 도망을 친다. 베로니카의 눈이 휘둥그레지고 얼굴은 창백해진다.

32. 외부. 폭스 리버. 운동장. 낮
마이클은 쇠사슬로 연결된 울타리에 기댄 채 홀로 있다. 벨릭이 울타리 반대편에서 그에게 다가온다.

벨 릭 : 앨런 슈바이처.

마이클이 옆으로 고개를 돌려 벨릭의 말을 듣는다.

벨 릭 : 그 이름이 네게 무슨 의미가 있는 거지?
마이클 : 그래야 하나요?
벨 릭 : 나야 모르지. 말해봐.
마이클 : (앞을 바라보며) 모르는 사람이에요.
벨 릭 : 확실해?
마이클 : 확실해요.

벨릭은 고개를 끄덕이고 사라진다. 마이클은 그 뒤를 응시한다.

- **closure**
  마감, 종결, 토론 종결, 폐쇄
  - the situation when a factory, school, etc. shuts permanently
  - a person feels a situation has been finally resolved

- **rummage**
  뒤적거리다, 샅샅이 찾다
  - to move things around carelessly while searching for something

- **positive**
  명확한, 의문의 여지가 없는, 결정적인, 확신하고 있는
  - thinking about what is good in a situation
  - feeling confident and hopeful

33. INT. FOX RIVER. SHOWER BLOCK. DAY

Michael does up his shirt. C-Note comes up from behind him and taps him on the shoulder. Michael, a little jumpy, spins around. C-Note shakes a bottle of pills in front of him, motioning for him to follow him.

Michael follows, shooting a fleeting look at the distracted guards. They head to a secluded area, where no C.O.s are watching.

C-NOTE : (acting friendly and extending his hand in a shake) Ah, what's up, snowflake?

He pushes Michael against a wall, while a few other inmates pushes and holds Michael's head tightly. Michael wiggles, scared.

C-NOTE : Do you think I'm a fool?

MICHAEL : (hoarsely) What are you talking about?

C-NOTE : I see you up there with the Hitler Youth.

He laughs bitterly.

C-NOTE : You know, I got a good mind to slash you open right now.

MICHAEL : It's not what you think. They've got something I need.

C-NOTE : (laughing softly) Now, see, that's funny. Because I got something you need, too.

He shakes the bottle of pills in front of Michael.

C-NOTE : You want your PUGNAc, fish? Huh?

3. THEN LISTEN! I WAS SET UP!

33. 내부. 폭스 리버. 샤워장. 낮

마이클이 자신의 셔츠를 입는다. 씨노트가 그 뒤에서 다가와 그의 어깨를 두드린다. 마이클은 약간 뒤로 물러서며 휙 돌아선다. 씨노트는 그 앞에 알약병을 흔들며 자신을 따라오라고 몸짓을 한다.
마이클은 정신이 팔린 교도관들을 덧없이 바라보면서 그를 따라간다. 그들은 외딴 곳으로 가는데 거기에서는 어떤 교도관도 보지 못하는 곳이다.

씨노트   : (다정하게 행동하며 악수를 위해 손을 내민다) **안녕하쇼, 흰둥씨?**

그는 마이클을 벽에다 밀치는데 몇 명의 다른 수감자들이 달려들어 마이클의 머리를 꽉 잡는다. 마이클은 두려워서 몸부림친다.

씨노트   : 누굴 머저리로 알아?
마이클   : (쉰 목소리로) 무슨 소리야?
씨노트   : 나치들이랑 있는 거 봤어.

그는 씁쓸하게 웃는다.

씨노트   : 맘 같아서는 당장 난도질하고 싶군.
마이클   : 그게 아냐. 놈들이 내게 필요한 걸 갖고 있다고.
씨노트   : (부드럽게 웃으면서) 이 봐, 재미있군. 나한테도 그런 게 있거든.

그는 마이클 앞에다 알약 병을 흔든다.

씨노트   : 퍼그낵을 갖고 싶어, 신참? 응?

■ **secluded**
(장소가) 외딴 (곳에 있는), 은둔한
- (of a place) quiet and private
- not used or disturbed by other people
- without much contact with other people

■ **hoarsely**
목이 쉬어, 허스키로, 쉰 목소리로

■ **slash**
깊이 베다, 썩 베다, 난도질하다

What's up, snowflake?
안녕하쇼, 흰둥씨?

▶ 'snowflake'는 여기서는 마이클의 별명.

He laughs again and pops the lid open. Michael gasps for breath.

C-NOTE : I hate them. So will you.

He tips all the pills into his hand and drops the bottle on the floor.

C-NOTE : Listen, white boy, your luck just ran out. You chose the wrong side.

He pats Michael's face softly with one hand and leaves. The others release Michael. He looks at the pill bottle, and then turns around, pissed off. Unable to control it, he punches the bars.

34. EXT. FOX RIVER. DAY

35. INT. CLOSED VISITING AREA. DAY
The door opens and Lincoln walks into a closed box, escorted. Veronica sits across from him. He smiles.

LINCOLN : It's great to see your face.

Veronica looks away, disgusted. Lincoln's face falls, slightly uneasy.

VERONICA : I think it's time you quit the charade, don't you?
LINCOLN : What?
VERONICA : It's starting to ruin people's lives.

Lincoln shakes his head, confused.

그는 다시 웃으며 병의 뚜껑을 팍 열어 젖힌다. 마이클은 숨을 헐떡거린다.

씨노트   : 이런 건 질색이거든. 너도 그럴 거야.

그는 모든 알약을 손에다 붓고는 병을 바닥에 떨어뜨린다.

씨노트   : 이봐, 흰둥이 꼬마, 이제 네 운은 다했어. 편을 잘못 골랐어.

그는 한 손으로 마이클의 얼굴을 부드럽게 두드리고는 자리를 뜬다. 나머지들은 마이클을 풀어준다. 그는 알약 병을 바라보고는 진저리가 난 채 돌아선다. 그것을 자제할 수 없어 그는 철창 문을 친다.

34. 외부. 폭스 리버. 낮

35. 내부. 폐쇄된 면회 지역. 낮
문이 열리고 링컨이 호송을 받으며 폐쇄된 칸 속으로 들어온다. 베로니카가 그 반대편에 앉아 있다. 링컨은 미소를 짓는다.

링 컨   : 세상에, 얼굴 보니 너무 반갑다.

베로니카는 혐오감을 느끼며 시선을 돌린다. 링컨은 약간 불안한 상태로 얼굴을 숙인다.

베로니카   : 뻔한 수작은 집어치울 때도 됐잖아.
링 컨   : 뭐가?
베로니카   : 남들 인생 그만 망쳐.

링컨은 혼란스러워하며 고개를 젓는다.

■ **pop**
마개를 펑 하고 뽑다, 뻥 하고 소리 내다
- make a short sharp explosive sound

■ **pissed**
진저리난, 짜증난
- very angry or annoyed

■ **charade**
빤히 들여다보이는 수작, 속임수
- a situation in which people pretend that something is true when it clearly is not

So will you.
너도 그럴 거야.

▶ 'You will, too.' 나 'You will hate them.'의 의미임.

VERONICA : Michael's in here because he thinks you're innocent.

LINCOLN : What's he told you?

VERONICA : He hasn't told me anything, but I know, Lincoln. I know what he's planning. Call him off. If you love him, call him off.

Lincoln's face saddens.

VERONICA : I saw the tape.

Realization shows on Lincoln's face.

LINCOLN : What's on the tape's not how it went down.

VERONICA : I know what I saw.

LINCOLN : I know what I saw. I was there, remember?

Flashback with Lincoln's over-voice.

36. INT. PARKING GARAGE. NIGHT
Lincoln leans against a pillar, lighting a joint and taking a drag.

LINCOLN : (V.O.) I got high that night. I had to. It was the only way I could go through with it.

He drops the joint and stubs it out with his toe. He walks off, toward a car, pulls out a gun and points it forward, pointing it at a man in the car. The man is slumped over, blood all over his neck and head, dead. Lincoln lowers the gun. Throughout these lines, a replay of the tape is going from Lincoln's perspective.

3. THEN LISTEN! I WAS SET UP!

베로니카 : 마이클은 네가 결백하다고 해서 여기 들어왔어.
링 컨 : 걔가 뭐라고 했어?
베로니카 : 아무 말도 안 했어. 하지만 난 알아, 링컨. 동생이 무슨 속셈인지 안다고. 손을 떼라고 해. 동생을 사랑한다면 손을 떼라고 해.

링컨의 얼굴은 슬픈 기색이다.

베로니카 : 그 테이프 봤어.

이제 알았다는 표정이 링컨의 얼굴에 나타난다.

링 컨 : 테이프에 있는 건 사실이 아니야.
베로니카 : 내 눈으로 봤어.
링 컨 : 나도 알아, 난 현장에 있었으니까.

링컨의 심증을 말하는 목소리와 더불어 플래시백.

36. 내부. 주차 빌딩. 밤
링컨이 기둥에 기대선 채 마리화나 담배에 불을 붙이고 빤다.

링 컨 : (목소리) 그날 약에 취했었어. 그래야 용기가 날 것 같아서.

그는 그 담배를 떨어뜨리고 발끝으로 그것을 비벼 끈다. 그는 그 차를 향해 걸어가 총을 꺼내 앞쪽으로 겨누고 차 속에 있는 사람을 겨눈다. 그 남자는 무너지듯이 앉아 있는데 그의 목과 머리는 온통 피로 덮여 있으며 죽은 채이다. 이 대사를 말하는 동안 테이프의 재생은 링컨의 시각에서 진행된다.

- **innocent**
  결백한, 죄 없는, 흠 없는
  - not guilty of a crime, etc.
  - not having done something wrong

- **call off**
  손을 떼다, (주의를) 딴 데로 돌리다

- **over-voice**
  (희망 없는 인물의) 심증을 말하는 목소리

- **joint**
  〈구어〉 마리화나 담배
  - a cigarette containing marijuana

- **drag**
  담배를 빨기
  - an act of breathing in smoke from a cigarette, etc.

- **stub**
  담배 끝을 비벼 끄다
  - to stop a cigarette, etc. from burning by pressing the end against something hard

- **slump**
  구부정해지다, 무너지듯이 앉다, 푹 쓰러지다.
  - to fall in price, value, number, etc. suddenly and by a large amount
  - to sit or fall down heavily

I got high that night.
난 그날 밤 약에 취했었어.

▶ 'high'는 속어로 '마약에 의한 도취, 황홀감, 최고의 기분'의 뜻.

LINCOLN : (V.O.) I never pulled the trigger. The guy was already dead.

End flashback.

37. INT. CLOSED VISITING AREA. DAY

VERONICA : (flippantly) Yeah, I know. You told me a thou —

LINCOLN : (suddenly furious) Then listen! I was set up! I went there that night to clear a debt. Crab Simmons was on my ass for the ninety grand I owed him. Told me the mark was some scumbag drug dealer, and if I took it, we'd be clean. I never pulled the trigger. All I know is that somebody wanted me in the same garage as Terrence Steadman that night.

VERONICA : Why would somebody want to set you up?

Lincoln stands up, frustrated.

LINCOLN : It wasn't about me, it was about him.

VERONICA : Steadman?

LINCOLN : (frustrated) Yes.

VERONICA : The guy was like a saint. All the charity work. The environmental progress his company was making. About the only person in this entire country who had motive to kill him was you.

3. THEN LISTEN! I WAS SET UP!

링 컨 : 하지만 방아쇠는 당기지 않았어. 이미 죽어 있었으니까.

플래시백이 끝난다.

37. 내부. 폐쇄된 면회 지역. 낮

베로니카 : (경박하게) 그래 알아. 누차 말했지…

링 컨 : (갑자기 사나워지며) 그럼 들어! 함정이었다고! 그날 밤 난 빚을 갚으려고 거기 갔던 거야. 크랩 시몬스한테 9만 달러 빚졌는데 그 놈이 더러운 마약업자라면서 없애 주면 빚을 청산해 주겠다고 했어. 난 방아쇠를 당긴 적 없어. 내가 알고 있는 건 누군가 그날 밤 테렌스 스테드먼과 같은 차고에 내가 있기를 바랐다는 것 뿐이야.

베로니카 : 누가 자길 표적으로 삼겠어?

링컨은 좌절감에 싸여 일어선다.

링 컨 : 내가 아니라 그자야.
베로니카 : 스테드먼?
링 컨 : (좌절하며) 그래.
베로니카 : 그자는 성인군자 같은 사람이었어. 자선 사업에 그의 회사는 환경 시설까지 갖추고 있었으니까. 전국에서 그 사람을 살해할 동기를 가진 사람은 자기뿐이었어.

■ **flippantly**
경박하게, 경솔하게, 무례하게
• flippant
- showing that you do not take something as seriously as other people think you should

■ **mark**
과녁, 표지
- a small area of dirt, a spot or a cut on a surface that spoils its appearance
- a noticeable spot or area of colour on the body of a person or an animal which helps you to recognize them

■ **scumbag**
〈속어〉 더러운 자식, 쓰레기 같은 놈
- an unpleasant person

■ **charity**
자선 (행위), 보시, (공공의) 구호(금)

I went there that night to clear a debt.
그날 밤 빚을 갚으러 거기 갔었어.

▶ 'clear'는 '빚 등을 청산하다'는 뜻이다.

93

LINCOLN : (in pain) You came all the way down here to tell me how guilty I am?

VERONICA : (tears in her eyes) I don't know why I came here.

She looks away and Lincoln sits down again.

LINCOLN : You have your life now. I know that. But if what we had before meant anything to you, you'd find out the truth.

He looks at her, desperately.

VERONICA : (tears in her eyes) Maybe all this is the truth. Maybe they got it right.

Lincoln shakes his head and she nods, turns, and walks away.
He watches her go away with an expression of mixed feelings.

38. EXT. FOX RIVER. YARD. DAY
There is more tension between a bunch of black guys and white guys in the yard. Almost an altercation. They pass angry taunts between them.

39. INT. SUCRE'S S.H.U. DAY
Sucre writes Maricruz's name on the floor with a rock. He checks his watch and then mutters in Spanish. He stands up and bangs on the door.

SUCRE : Badge! Badge, open up! Badge!

C.O. Stolte slides the window open again.

링 컨 : (고통스러워 하며) 내 죄였다는 말을 하려고 여기까지 찾아온 거야?

베로니카 : (눈물을 글썽이며) 나도 여기 왜 왔는지 모르겠어.

그녀는 시선을 돌리고 링컨을 다시 앉는다.

링 컨 : 자기도 인생이 있다는 거 알아. 과거 우리 사이가 조금이나마 의미 있었다면 진실을 알게 될 거야.

그는 필사적으로 그녀를 바라본다.

베로니카 : (눈물을 글썽이며) 이게 진실일지도 몰라. 아마 올바른 판결이었는지도.

링컨은 고개를 젓고 그녀는 고개를 끄덕이고는 돌아서 걸어 나간다.
그는 그녀가 가는 것을 감정이 뒤섞인 표정으로 바라본다.

38. 외부. 폭스 리버. 운동장. 낮
운동장에는 흑인들과 백인 집단 사이에 더욱 긴장이 돈다. 거의 언쟁을 할 분위기다. 그들은 서로 화난 비아냥을 뱉는다.

39. 내부. 수크레의 독방. 낮
수크레는 돌로 바닥에다 마리크루즈의 이름을 쓴다. 그는 시계를 보고는 스페인어로 중얼거린다. 그는 일어나 문을 쾅쾅 친다.

수크레 : 교도관! 교도관, 문 열어! 교도관!

스톨트 교도관이 다시 문을 옆으로 밀어 연다.

■ **altercation**
언쟁, 격론
- a noisy argument or disagreement

■ **taunt**
조롱, 비아냥, 심한 빈정댐
- an insulting or unkind remark that is intended to make somebody angry or upset

Maybe they got it right.
아마 그들이 옳았는지도 몰라.

▶ 'get it right'은 '올바르게 이해하다, 이해시키다'의 의미.

STOLTE	: You talkin' again?
SUCRE	: It's my girl's birthday.
STOLTE	: Happy birthday to her.
SUCRE	: Well, you gotta let me call her, please. I'll give you a million dollars if you let me use the phone.
STOLTE	: I've seen your kick, Sucre. You got something like forty cents to your name.

He slams the window shut again.

SUCRE	: Please! No, no!

He yells and pounds on the door in frustration. Finally, he collapses on the floor, about to cry.

40. EXT. CHICAGO. NIGHT
A beautiful night view.

41. EXT. CHICAGO. STREETS. NIGHT
A stretch limo pulls up to a hot nightclub and Hector, Sucre's cousin, opens the door for three women. Maricruz sits there, uncertain.

HECTOR	: (notices her) All right, Maricruz. What are you doing? Come on.

Maricruz's face brightens when she sees Hector.

MARICRUZ	: It's okay, Hector. You go ahead.
HECTOR	: What are you talkin' about?

3. THEN LISTEN! I WAS SET UP!

스톨트	: 또 떠드냐?
수크레	: 애인 생일이라고요.
스톨트	: 그럼 생일 축하한다고 해.
수크레	: 전화해야 해요, 제발요. 전화 쓰게 해주면 백만 달러 줄게요.
스톨트	: 네 지갑 봤어, 수크레. 겨우 40센트인가 있으면서 큰 소리 치긴.

그는 다시 창문을 쾅 하고 닫는다.

수크레	: 제발! 안 돼, 안 돼!

그는 소리를 지르고 좌절하며 문을 두드린다. 마침내 그는 바닥에 쓰러져 울려고 한다.

40. 외부. 시카고. 밤
아름다운 밤 풍경.

41. 외부. 시카고. 거리. 밤
차체가 긴 호화 리무진이 나이트클럽에 다가와 선다. 수크레의 사촌인 헥터가 세 명의 여자를 위해 문을 연다. 마리크루즈는 확신하지 못한 채 그냥 앉아 있다.

헥 터	: (그녀를 본다) 왔구나, 마리크루즈. 안 내리고 뭐해? 어서 내려.

마리크루즈는 헥터를 보자 얼굴이 밝아진다.

마리크루즈	: 난 됐어, 헥터. 먼저 가.
헥 터	: 무슨 소리야?

■ **kick**
〈속어〉 호주머니, 지갑

■ **pound**
마구 치다, 두드리다, 세게 치다
- to hit something/somebody hard many times, especially in a way that makes a lot of noise

■ **collapse**
쓰러지다, 맥없이 주저앉다, 무너지다
- to fall down or fall in suddenly, often after breaking apart
- to fall down (and usually become unconscious), especially because you are very ill/sick

■ **stretch limo**
〈속어〉 차체가 긴 호화 리무진
- a very large car that has been made longer so that it can have extra seats

You gotta let me call her.
내가 전화하게 해줘야 해요.

▶ 'You've got to let me call her.'와 같은 표현.

MARICRUZ : I think I'm just going to take a cab.

HECTOR : What do you mean? Like go home? I mean, you just got here.

She turns away sadly. She is silent.

HECTOR : He didn't call you, did he?

Maricruz glances down and shakes her head. He hesitates, wanting to put this next comment delicate.

HECTOR : Look, I love Fernando to death, but the guy's a deadbeat. You gotta move on with your life.

He waits. Maricruz looks up at him sadly, having decided.

42. EXT. COURTHOUSE. DAY
The next day.

43. INT. COURTHOUSE. DAY
Mr. Tim Giles is going through security only to be met by Agent Paul Kellerman on the other side.

KELLERMAN : Mr. Giles, we'd like to have a word with you, if we could.

GILES : Oh, I really don't have time.

Kellerman holds out his Secret Service badge.

KELLERMAN : I'm afraid we're going to have to insist.

마리크루즈   : 그냥 택시 타고 갈래.
헥 터   : 무슨 소리야? 집에 간다고? 방금 도착했잖아.

그녀는 슬프게 몸을 돌린다. 그녀는 말이 없다.

헥 터   : 그 자식이 연락 안 했구나, 그렇지?

마리크루즈는 시선을 내리 깔고 고개를 젓는다. 그녀는 주저하면서, 섬세한 말투로 들리길 원하며 말을 잇는다.

헥 터   : 이봐, 나도 페르난도를 좋아하지만 그 작자는 죽은 사람이나 같아. 너도 네 인생을 찾아야지.

그는 기다린다. 마리크루즈는 그를 슬프게 바라보고는 결단을 내린다.

42. 외부. 법원. 낮
다음 날.

43. 내부. 법원. 낮
팀 자일스가 보안 지역을 통해 가다가 반대편에서 요원인 폴 켈러먼을 만난다.

켈러먼   : 자일스 씨, 괜찮으시다면 얘기 좀 해요.
자일스   : 아, 정말 시간 없어요.

켈러먼은 자신의 재무부 비밀 검찰국 배지를 들어 보인다.

켈러먼   : 시간을 내셔야겠습니다.

- **deadbeat**
  〈속어〉게으름뱅이, 부랑자, 식객

- **courthouse**
  법원, 재판소
  - a building containing courts of law
  - (in the U.S.) a building containing the offices of a county government

- **Secret Service**
  〈미〉재무부 비밀 검찰국
  - a department of the government that is responsible for protecting various high-ranking past and current government officials, diplomats, etc. and their families

We'd like to have a word with you.
이야기 좀 나누고 싶은데요.

▶ 'have a word with'는 '~와 한두 마디 나누다'의 관용어.

Giles finishes getting through security and steps over with him.

KELLERMAN : It's come to our attention that you made a FOIA request a couple of days ago on the Burrows case.

Beside him, Hale holds up a briefcase for Giles. Giles takes it.

GILES : Yeah. So?

KELLERMAN : Records show that you made a dupe off the surveillance tape?

GILES : That's right.

KELLERMAN : (nodding) Mind us asking why?

GILES : It was for one of Burrows' old girlfriends, man. She was under the impression that the guy was innocent. I figured it'd, you know, help her with closure.

HALE : She's in possession of the tape now, then?

GILES : Don't pull that card on me. It's the Freedom of Information Act. She's entitled to that tape as much as you or I.

KELLERMAN : (interrupting and nodding) Oh, no, no, no, no. By all means, by all means.

GILES : (tepidly) May I go now?

KELLERMAN : Just one more thing. This old girlfriend of his. What's her name?

자일스는 보안 지역을 통과하면서 그와 함께 선다.

켈러먼 : 버로스 사건에 관련해 이틀 전에 정보 공개 청구를 하셨던데.

그 옆에 헤일이 손가방을 들어 자일스에게 준다. 자일스는 그것을 받는다.

자일스 : 네, 그래서요?
켈러먼 : 기록을 보니까 감시 테이프를 복사하셨더군요.
자일스 : 그렇소.
켈러먼 : (고개를 끄덕이며) 이유를 물어도 될까요?
자일스 : 그건 버로스의 옛 애인 때문이었소. 그 여잔 그의 결백을 믿길래 마음을 정리하는 데 도움이 될까 해서요.
헤 일 : 그럼 테이프는 여자가 갖고 있소?
자일스 : 협박할 생각 말아요. 정보 공개법에 따라 그 여자도 자료를 볼 권리가 있으니까요.
켈러먼 : (말을 막으며 고개를 끄덕이면서) 아, 아니, 아니, 아니, 아니. 물론이죠, 물론이고 말고요.
자일스 : (미온적으로) 이제 가도 되겠소?
켈러먼 : 한 가지만 더요. 그 옛 애인이란 여자분 이름이 뭐죠?

■ **dupe**
〈구어〉 복제 비디오테이프(duplicate의 단축형)

■ **be in possession of**
~을 소유하다, ~을 점유하다

■ **Freedom of Information Act**
(미) 정보공개법

■ **be entitled to**
~할 자격이 있다, 권리가 있다

■ **tepidly**
미온적으로, 열의가 없이
- tepid
  - slightly warm, sometimes in a way that is not pleasant
  - not enthusiastic

By all means.
물론이죠.

▶ 이 표현은 '(대답을 강조하여) 좋고 말고, 부디, 꼭'의 관용구임.

44. EXT. CHICAGO. STREET. DAY
It is raining. Veronica is driving in a car.

45. INT. VERONICA'S CAR. DAY
She stops her car, parks it and steps out, putting up an umbrella. She walks over to where a black woman is stepping out of an apartment block. She turns to her.

VERONICA : Excuse me. Is this the Simmons residence?

The woman takes her mail from a mailbox and turns to go back inside. She stops and looks at Veronica.

MS. SIMMONS : I'm Ms. Simmons.

VERONICA : I'm sorry.

She pulls out one of her business cards.

VERONICA : Um, I'm Veronica Donovan. I'm looking for Crab Simmons. Are you related?

MS. SIMMONS : (taking the card) He's my son.

VERONICA : Is he around?

MS. SIMMONS : (sadly) No.

VERONICA : Could you tell me where I can find him?

A young woman, Leticia, watches them from an upstairs window.

MS. SIMMONS : Lady, go away. I can't help you. Can't you understand that?

She starts walking up the stairs.

3. THEN LISTEN! I WAS SET UP!

44. 외부. 시카고. 거리. 낮
비가 오고 있다. 베로니카가 차를 몰고 있다.

45. 내부. 베로니카의 자동차. 낮
그녀는 차를 세우고 주차시키고는 우산을 펴들고 차에서 내린다. 그녀는 한 흑인 여자가 아파트 블록을 나서는 곳으로 걸어간다. 그녀는 그 여자에게 돌아선다.

베로니카 : 실례해요. 시몬스 씨 댁인가요?

그 여자는 우편함에서 우편물을 꺼내 들고 안으로 돌아가기 위해 돌아선다. 그녀는 멈춰 서서 베로니카를 본다.

시몬스 부인 : 내가 시몬스인데요.
베로니카 : 죄송한데요.

그녀는 자기 명함 한 장을 꺼낸다.

베로니카 : 전 베로니카 도노반입니다. 크랩 시몬스 씨를 찾는데. 가족이신가요?
시몬스 부인 : (명함을 받으면서) 그 앤 내 아들인데요.
베로니카 : 집에 있나요?
시몬스 부인 : (슬프게) 아뇨.
베로니카 : 어디 가면 만날 수 있죠?

젊은 여자 데티샤가 2층 창에서 그들을 보고 있다.

시몬스 부인 : 부인, 도와줄 수 없으니 가봐요. 모르시겠어요?

그녀는 층계를 걸어 올라가기 시작한다.

- **residence**
  주택, 주거, 대저택
  - a house, especially a large or impressive one

- **relate**
  친족 관계를 갖게 하다
  - show or make a connection between two or more things
  • be related
  친족(인척)간이다

Is he around?
집에 있나요?

▶ 'be around'는 '마침 와 있다, 있다, 찾아 오다'는 표현임.

103

VERONICA	: Look, I'm sorry. It's just ... a man's life is at stake, and maybe your son could help him.
MS. SIMMONS	: Crab can't help nobody, lady. He's dead.
VERONICA	: (didn't expect this) I'm sorry.

Ms. Simmons walks back inside. In one of the upstairs rooms, another face has been peering out at the street below, watching their conversation, but then closes the window curtains.

46. INT. FOX RIVER. CELL BLOCK. NIGHT
Michael rests in his cell, thinking, when some C.O.s come through the door at the end of the block.

C.O. PATTERSON	: Heads up! Seven up, cons! Stand at your gate.

C-Note in his cell hops down from his bunk. Michael waits for the door of his cell to slide open and he steps out to the yellow railing. The inmate that told him about T-Bag is beside him.

INMATE	: 'Bout to jump off, fish.

All the inmates step to the railing. Westmoreland emerges, holding Marilyn. Michael faces off with C-Note across the block. There are tense, hard eyes all around, especially between C-Note and Michael. On the bottom tier, one inmate steps forward.

C.O. PATTERSON	: Ballard, get back on your number!

Michael watches. Westmoreland, knowing what's about to happen, steps back into his cell still holding Marilyn.

3. THEN LISTEN! I WAS SET UP!

베로니카	: 죄송하지만⋯ 한 남자의 생명이 아주 위태로운데 아드님이 도울 수 있을 것 같은데요.
시몬스 부인	: 크랩은 아무도 도울 수 없다우. 죽었거든요.
베로니카	: (이건 예상하지 못했던) 죄송합니다.

시몬스 부인은 안으로 들어가 버린다. 이층 방 한 곳에서 다른 얼굴이 아래 거리를 빠끔히 내려다보며 그들의 대화를 지켜보다가는 창문 커튼을 닫는다.

46. 내부. 폭스 리버. 감방 블록. 밤
마이클이 생각에 잠겨 자기 감방에서 쉬고 있다. 그때 교도관들이 그 블록의 끝에서 문을 통해 들어온다.

패터슨 교도관	: 주목! 점호 시간이다! 각자 문 앞에 서라.

씨노트는 자신의 감방 침대에서 뛰어내린다. 마이클은 자기 감방 문이 열리기를 기다리다가 노란 난간으로 발을 내민다. 티백에 대해 자신에게 말해 준 수감자가 자기 옆에 있다.

수감자	: 덮칠 시간이다, 신참.

모든 수감자들은 난간까지 다가선다. 웨스트모어랜드가 마릴린을 안은 채 나타난다. 마이클은 블록 건너편 씨노트와 신경전을 벌이기 시작한다. 긴장감이 돌고 냉혹한 눈들이 주위를 살피는데 특히 씨노트와 마이클 사이에 심하다. 바닥 층에서 한 수감자가 앞으로 나선다.

패터슨 교도관	: 발라드, 네 호실로 물러 서!

마이클은 지켜본다. 웨스트모어랜드는 무슨 일이 일어날지 알고서 여전히 마릴린을 들고 자신의 감방으로 물러선다.

- **at stake**
  위태로워(risked), 내기에 걸려
  - that can be won or lost, depending on the success of a particular action

- **peer**
  자세히 들여다 보다, 응시하다, 주의해서 보다
  - to look closely or carefully at something, especially when you cannot see it clearly

- **railing**
  난간, 가로장, 울타리
  - a fence made of upright metal bars; one of these bars

- **face off**
  경기가 시작되다, 대결하다

'Bout to jump off.
덮칠 시간이다.

▶ 'It's about time to jump off.'의 의미이다.

ANOTHER C.O. : (into his radio) Need backup, right away.

C.O. PATTERSON : (V.O.) I said get back on your number!

Inmates suddenly spontaneously start to riot fighting each other. Michael, although refusing profusely, is picked up and thrown over the railing. Some convicts go hard at it. Others stay in their cells. C.O.s barricade themselves while the inmates riot. T-Bag slices a black guy's throat. Maytag spots Michael and starts to run at him with his arm raised, brandishing the bolt. Michael fights him to the ground and straddles him, trying to pull the bolt being used as a weapon from Maytag's hands. He pulls it free, and, scared, looks up at C-Note watching him for help. C-Note turns, knowing that he's on their side.

C.O. : (V.O.) Get back immediately!

Maytag continues to fight with Michael. Michael circles with Maytag, almost boxing match like. When he's about to strike, a black inmate rushes up to him and stabs him numerous times in the chest. Maytag looks down as the blood begins to flow from his chest and falls forward reaching out to Michael who has looked on, horrified. Michael grabs him. Maytag falls on him giving him a look of panic and fear.

MAYTAG : (weakly) Help me ...

Michael looks around, with Maytag in his arms.
He breathes heavily.
T-Bag notices Michael by the tier.

C.O. : (V.O.) Inmates, back down!

T-Bag sees the situation and looks horrified.

T-BAG : Scofield!

3. THEN LISTEN! I WAS SET UP!

또 다른 교도관 : (무선기에다) 지원 요청한다. 지금 당장.
패터슨 교도관 : (목소리) 네 호실로 들어가라고 했다!

갑자기 수감자들이 거침이 없이 서로 싸우면서 난동을 부리기 시작한다. 마이클은 비록 충분히 저항했음에도 불구하고 난동에 끼어들게 되어 난간 위에서 밀쳐져 떨어진다. 거칠게 싸움에 참여하는 죄수들도 있고 일부는 자기 감방에 머물기도 한다. 교도관들은 수감자들이 난동을 부리는 동안 자신들을 보호한다. 티백은 한 흑인의 목을 벤다. 메이택은 마이클을 보고 나사못을 흔들면서 팔을 쳐들고 그에게 달려들기 시작한다. 마이클은 그와 싸우며 바닥에 뒹굴고 목을 조르면서 메이택의 손으로부터 무기로서 사용되고 있는 그 나사못을 빼앗으려고 애를 쓴다. 그는 그 나사못을 빼앗고는 두려워하며, 도움을 주기 위해 자신을 지켜보고 있는 씨노트를 바라본다. 씨노트는 그가 자기들 편이라는 것을 알고서 돌아선다.

교도관 : (목소리) 즉시 호실로 돌아가라!

메이택은 계속 마이클과 싸운다. 마이클은 메이택과 함께 마치 권투 시합을 하듯이 빙빙 돈다. 메이텍이 공격하려고 할 때 한 흑인 수감자가 그에게 달려들어서는 그의 가슴을 여러 번 찌른다. 메이택은 피가 자신의 가슴에서 흘러 나오기 시작하자 내려본다. 그리고는 두려움에 싸여 이를 지켜보고 있던 마이클에게 달려들어 손을 내민다. 마이클은 그를 움켜쥔다. 메이택은 공포와 두려움의 표정을 그에게 던지면서 그에게 쓰러진다.

메이택 : (약하게) 제발 도와 줘…

마이클은 메이택을 팔에 안고서 주위를 둘러본다.
그는 가쁘게 숨을 몰아 쉰다.
티백이 그 층 옆에 있는 마이클을 본다.

교도관 : (목소리) 수감자들, 감방으로 돌아가라!

티백은 상황을 깨닫고는 충격을 받은 표정이다.

티 백 : 스코필드!

- **backup**
  지원, 반주자

- **spontaneously**
  자연적으로, 무의식적으로
  - spontaneous
    - not planned but done because you suddenly want to do it
    - (of a person) often doing things without planning to, because they suddenly want to do them

- **profusely**
  아낌없이, 풍부하게, 수없이
  - profuse
    - produced in large amounts

- **convict**
  죄수, 죄인, 기결수
  - a person who has been found guilty of a crime and sent to prison

- **horrified**
  섬뜩한, 겁에 질린, 충격 받은

- **panic**
  돌연한 공포, 공황, 허둥지둥

Get back immediately!
당장 돌아가라!

▶ 'get back'은 '돌아가다, 돌아오다'의 의미.

107

His eyes widen in horror, seeing Maytag in Michael's arms and he stands up and gasps.
Michael sees T-Bag, baffled. He is at a loss what to do.

C.O.   : (V.O.) **Inmates, back in your cells!**

Michael drops Maytag and smoke cans fly to the floor. Michael and other inmates, coughing, retreat to their cells. T-Bag runs to Maytag and screams out.

C.O.   : (V.O.) **Get back immediately!**

47. INT. MICHAEL'S CELL
Michael reaches his cell and coughs, trying to put clean air into his lungs. His shirt and hands are bloodied from Maytag's dying body.

48. INT. CELL BLOCK
T-Bag leans over dead Maytag and lets loose his indignation.

T-BAG   : (cries out) **You're a dead man, Scofield! You hear me! You're a dead man!**

49. INT. MICHAEL'S CELL
Michael tries to regain himself, terrified and clean up the blood using a towel. He grabs his bolt. As other inmates pass his cell he jumps toward the door, fending off anyone with the bolt. His cell door slides shut. He leans against the wall, still gasping and wiping his hands. Overwhelmed, he buries his head in his arms, gasping.
The shot travels quickly through the tunnels of the prison.

3. THEN LISTEN! I WAS SET UP!

그의 눈은 공포로 휘둥그레지면서 마이클의 양손에 안겨 있는 메이택을 본다. 그는 헐떡거리며 일어선다.
마이클은 당황한 채 티백을 본다. 그는 어찌할 바를 몰라 쩔쩔맨다.

교도관   : (목소리) 즉시 자기 호실로 돌아가!

마이클은 메이택을 내려놓는데 연기를 뿜는 깡통이 마루로 날아든다. 마이클과 다른 수감자들은 기침을 하면서 자신의 감방으로 퇴각한다. 티백은 메이택에게 달려가 비명을 지른다.

교도관   : (목소리) 즉시 돌아가라!

47. 내부. 마이클의 감방
마이클은 자기 감방에 도착해서는 기침을 하며 자기 폐 속으로 깨끗한 공기를 집어넣으려고 애를 쓴다. 그의 셔츠와 손은 메이택의 죽어가는 몸에서 묻은 피로 물들어 있다.

48. 내부. 감방 블록
티백은 죽은 메이택의 시신 위에 몸을 숙이곤 분노를 폭발시킨다.

티 백   : (소리친다) 넌 죽었어, 스코필드! 듣고 있어? 넌 죽은 목숨이야!

49. 내부. 마이클의 감방
마이클은 겁에 질려 안정을 되찾으려고 애를 쓰면서 수건으로 피를 닦는다. 그는 자신의 나사못을 움켜쥐고 있다. 다른 수감자들이 자기 감방을 지나가자 그는 문쪽으로 뛰어가 그 나사못으로 어느 누구든 다가서지 못하게 하려 한다. 그의 감방 문이 미끄러지듯 닫힌다. 그는 벽에 기대어 여전히 숨을 헐떡이고 손을 닦는다. 어찌할 바를 몰라 그는 숨을 몰아 쉬며 팔로 머리를 감싼다.
카메라는 감옥의 터널을 통해서 재빨리 달려간다.

■ **baffled**
당황한, 좌절한
• baffle
- to confuse somebody completely
- to be too difficult or strange for somebody to understand or explain

■ **let loose**
(노여움, 웃음 등을) 폭발시키다
- to do something or to happen in a way that is not controlled
- let loose something to make a noise or remark, especially in a loud or sudden way

■ **fend off**
다가서지 못하게 하다, 저항하다
- to defend or protect yourself from somebody/something that is attacking you

■ **overwhelm**
압도하다, 당황하게 하다, 어찌할 줄 모르게 하다
- to have such a strong emotional effect on somebody that it is difficult for them to resist or know how to react

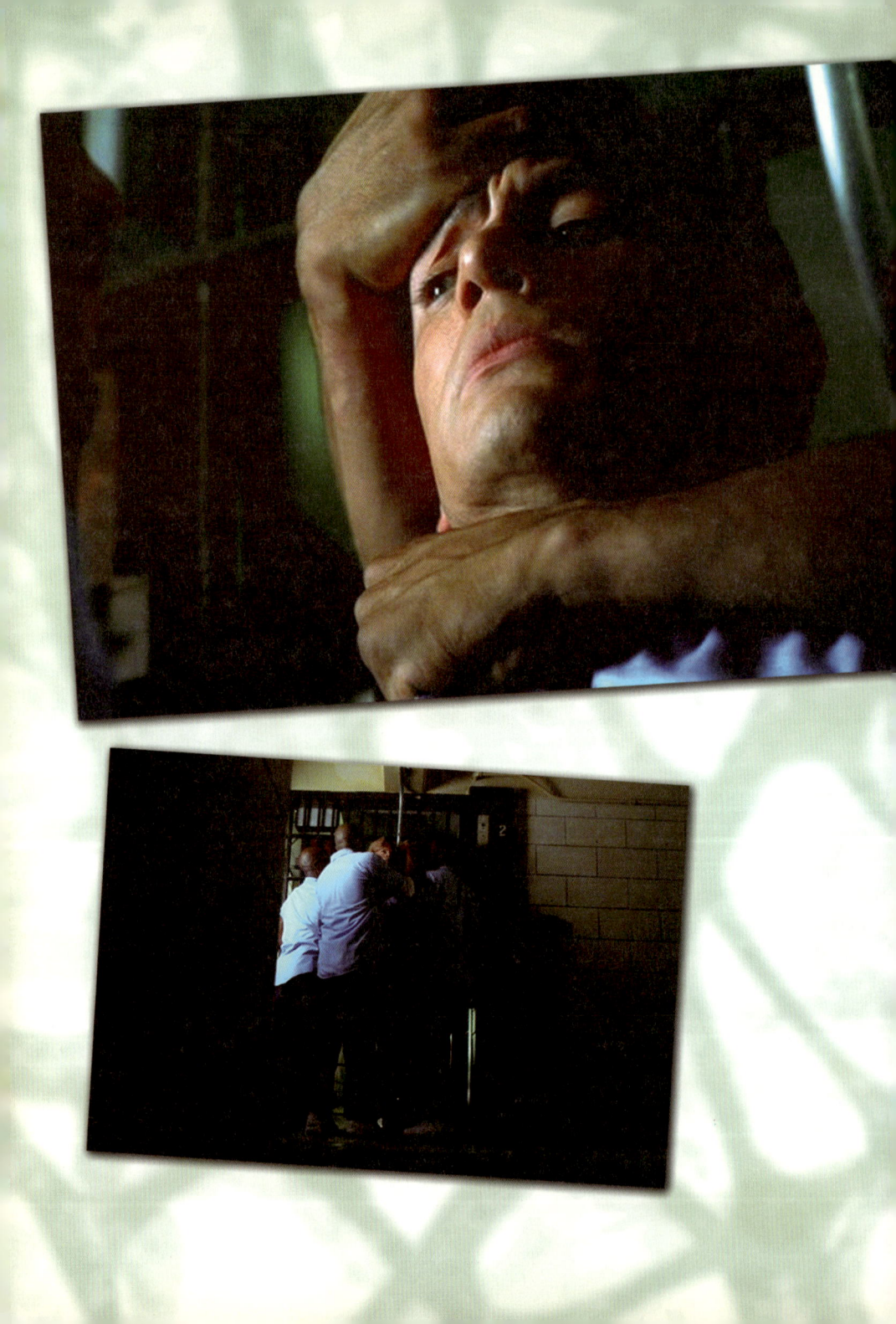

50. EXT. FOX RIVER. NIGHT
Pan over Fox River prison.

51. INT. CELL BLOCK. NIGHT
Slightly later after everything has died down. Warden Pope strides along the second tier.

POPE : I really don't know what to say to you gentlemen. I try to give you the benefit of the doubt. I try to treat you with respect ...

52. INT. MICHAEL'S CELL. NIGHT
Michael pulls off his bloody shirt, leaving his sweatshirt that was underneath on.

53. INT. CELL BLOCK. NIGHT

POPE : You can't even respect yourselves. So there's going to be a forty-eight-hour lockdown. No mess, no showers, no visitation. And I strongly suggest that you all learn to get along. Otherwise, the next time it's going to be a week, and the time after that it's going to be a month. Think about it.

He exits the cell block.

54. INT. MICHAEL'S CELL. NIGHT
Michael, tears in his eyes, needs something to do. Pulling out the bolt he casually begins to shape it by scraping the end against the cement floor.

55. INT. PRISON MORGUE. NIGHT
T-Bag stands over Maytag's lifeless body in the Morgue. He stares down at his body somberly and then raises his eyes thoughtfully.

4. THERE'S SOMETHING STRANGE ABOUT HIM

50. 외부. 폭스 리버. 밤
카메라는 폭스 리버 감옥을 위에서 비춰 내려간다.

51. 내부. 감방 블록. 밤
약간의 시간이 지난 뒤, 모든 것이 다 가라앉았다. 포프 교도소장이 2층 단을 따라 걸어온다.

포 프 : 여러분들에게 무슨 말을 해야 할지 모르겠다. 너희를 믿고 최대한 존경하며 대우하려 했는데.

52. 내부. 마이클의 감방. 밤
마이클은 피묻은 셔츠를 벗고서 그 아래에 입고 있는 스웨트 셔츠만을 입고 있다.

53. 내부. 감방 블록. 밤

포 프 : 너희 자신들조차 존경하지 않다니. 48시간 구류를 선포한다. 식사도, 샤워도, 면회도 없다. 서로 잘 지내는 법을 배우도록 하라. 그렇지 않으면 다음엔 일주일, 그 후엔 한 달이 될 테니까. 잘 생각해 보도록.

그는 감방 블록을 나간다.

54. 내부. 마이클의 감방. 밤
마이클은 눈물을 흘리며 뭔가 할 것을 필요로한다. 그 나사못을 꺼내면서 그는 무심코 시멘트 바닥에 대고 그 끝을 문지름으로써 모양을 만들기 시작한다.

55. 내부. 감옥의 시체 공시소. 밤
티백이 시체실에서 메이택의 죽은 시신 위에 서 있다. 그는 엄숙하게 그의 시신을 내려다보고는 생각에 잠기며 눈을 든다.

■ **benefit of the doubt**
〈법률〉(증거불충분의 경우의) 무죄 추정, 유리한 해석, 선의의 해석

■ **lockdown**
죄수의 감방 내에서의 엄중한 감금

■ **morgue**
시체 공시소
- a building in which dead bodies are kept before they are buried or cremated (= burned)
- a place where dead bodies that have been found are kept until they can be identified

■ **somberly**
침울하게, 우울하게

I strongly suggest that you all learn to get along.
모두가 잘 지내는 법을 배우도록 해요.

▶ 'get along'은 '의좋게 살다, 잘 지내다'의 뜻.

56. INT. VERONICA'S OFFICE. DAY

Veronica writes something, sitting at her desk.
Her assistant Wendy comes into her office as she works behind a desk.

WENDY : Got a Leticia Barris on the line.

VERONICA : I don't know who that is. Take a message.

She goes back to work.

WENDY : She says she used to date Crab Simmons.

Veronica looks up, her interest perked. She leans over and picks up the phone.

VERONICA : Leticia, thank you for calling.

LETICIA : (on the phone) You want to hear what I have to say, we meet in a public place where they can't get to us.

VERONICA : Wait, wait, wait, wait, wait. Where who can't get to us?

LETICIA : You want to hear what I have to say or not? 'Cause if you don't, I'm gonna hang up right now.

VERONICA : No, no, no. You just name the time and the place.

57. EXT. CHICAGO. SQUARE. DAY

Leticia Barris, the woman that was watching from the apartment at Ms. Simmons' house, and Veronica stand in the middle in the open.

LETICIA : Over here.

VERONICA : Hey, Leticia, thanks for coming.

4. THERE'S SOMETHING STRANGE ABOUT HIM

56. 내부. 베로니카의 사무실. 낮
베로니카가 책상에 앉아 뭔가를 쓰고 있다.
책상 뒤에서 일하고 있을 때 그녀의 조수 웬디가 사무실로 들어온다.

웬 디   : 전화에요. 레티샤 배리스 양이래요.
베로니카   : 모르는 사람인데. 메시지를 받아 놔요.

그녀는 하던 일로 돌아간다.

웬 디   : 크랩 시몬스의 애인이었다는데요.

베로니카는 관심에 이끌려 올려다본다. 그녀는 몸을 기울여 전화를 받는다.

베로니카   : 레티샤, 전화 고마워요.
레티샤   : (전화에서) 내 말이 듣고 싶어요? 접근 못할 공공
               장소에서 만나죠.
베로니카   : 잠깐, 잠깐요. 누가 접근하는데요?
레티샤   : 내 말 듣고 싶어요? 아니라면 당장 전화 끊겠어요.
베로니카   : 아니, 아니, 아닙니다. 시간과 장소를 대세요.

57. 외부. 시카고. 광장. 낮
시몬스 부인 집 아파트에서 보고 있었던 여자인 레티샤 배리스와 베로니카가
탁 트인 곳 중앙에 서 있다.

레티샤   : 여기에요.
베로니카   : 안녕하세요, 레티샤. 와줘서 고마워요.

■ **assistant**
조수, 보조자, 보좌인
- a person who helps or supports somebody, usually in their job

■ **perk**
쭝긋 세우다, 치켜 올리다
- to become or to make somebody become more cheerful or lively, especially after they have been ill/sick or sad
- to increase, or to make something increase in value, etc.
- to make something more interesting, more attractive, etc.

I'm gonna hang up right now.
당장 전화 끊겠어요.

▶ 'hang up'은 '전화를 끊다, 전화의 수화기를 놓다'의 뜻.

121

LETICIA : Go easy, lady. We don't know each other, you got that? We'll stay out here in the open where they can't get to us. Where they can't do what they do.

Veronica stares at her, confused.

LETICIA : Only reason why I'm talkin' to you is 'cause they're gonna kill your boy like they killed mine.

VERONICA : Coroner's report says smack killed your boyfriend, Leticia. It was an overdose.

LETICIA : No overdose.

VERONICA : What do you mean?

LETICIA : Crab didn't use. He had a bad heart. If he touched the stuff, it'd kill him. I mean, don't you think it's the slightest bit of a coincidence he OD'd a week after your boyfriend's crime? They killed him 'cause he knew things. Things they didn't want to get out.

VERONICA : Like what?

LETICIA : (shifting) Like who was really behind that hit that night. It wasn't Crab, that's for damn sure. And it sure as hell wasn't Lincoln. (in a distressed whisper) Neither of them boys knew what they were gettin' into. They were just pawn in a big game.

She glances around anxiously.

4. THERE'S SOMETHING STRANGE ABOUT HIM

레티샤 : 태평스럽게 하세요, 부인. 우린 서로 모르는 겁니다, 아시겠죠? 여기 공공 장소에선 놈들도 어쩌지 못할 테니.

베로니카는 혼란스러운 채 그녀를 응시한다.

레티샤 : 내가 말하고자 하는 이유는 저들이 크랩을 죽였던 것처럼 당신 애인도 죽일 것이기 때문이에요.
베로니카 : 검시관 보고서에 의하면 당신 애인은 마약 과다로 죽었다던데, 레티샤.
레티샤 : 그렇지 않아요.
베로니카 : 무슨 뜻이죠?
레티샤 : 크랩은 심장이 나빠서 마약엔 손도 안 댔어요. 마약에 손대면 죽을 테니까요. 당신 애인의 범죄 사건 일주일 후 마약 과다라니 약간 우연 같다는 생각이 들지 않나요? 크랩이 비밀을 알기 때문에 그 자들이 죽인 거라고요. 그들이 알려지기를 원하지 않는 비밀이죠.
베로니카 : 무슨 비밀이오?
레티샤 : (장소를 옮기며) 그날 밤의 사건의 진범이겠죠. 크랩이나 링컨 짓이 아닌 것 확실해요. (괴로운 속삭임으로) 두 사람은 엉뚱하게 휘말린 거라고요. 둘 다 대형 장기판에 졸 같은 존재였어요.

그녀는 근심스럽게 주위를 둘러본다.

- **coroner**
  검시관
  - an official whose job is to discover the cause of any sudden, violent or suspicious death by holding an inquest
- **smack**
  〈속어〉헤로인
  - the drug heroin
- **overdose**
  (약의) 과다 복용, 과잉 투여
  - too much of a drug taken at one time
- **coincidence**
  우연의 일치, 동시에 일어남
  - the fact of two things happening at the same time by chance, in a surprising way
- **get out**
  (비밀이) 새다, 알려지다
  - to become known
- **pawn**
  (체스의) 졸, 앞잡이
  - any of the eight chess pieces of the smallest size and least value. Each player has eight pawns at the start of a game

Go easy, lady.
느긋하게 하세요, 부인.

▶ 'go easy'는 'take it easy, take things easy'와 같은 구어체 표현。

VERONICA : What?

LETICIA : They're here.

She begins to walk off.

VERONICA : Who's here, Leticia?

LETICIA : Don't try to follow me. Don't find me. I won't testify.

VERONICA : Just slow down and talk to me.

LETICIA : I'd get as far away from here as you can, girl, (comes close) 'cause there ain't nobody they can't get to.

She hurries off running through puddles. Veronica stands there stunned and confused.

VERONICA : (shouts) Leticia!

She's gone.
Shot changes to show Kellerman and Hale on the other side of the street, watching the two, eating cookies.

58. INT. KELLERMAN'S OFFICE. DAY
Kellerman is anxious and knocks on the table sharply. Shot goes to the different pieces of Secret Service paraphernalia. Unable to take it, he picks up the phone, pausing before dialing.

59. EXT. RIVER MANSION. DAY
A house in the secluded area. A title states that it's at "Blackfoot, Montana."

4. THERE'S SOMETHING STRANGE ABOUT HIM

베로니카 : 왜 그래요?
레티샤 : 저들이 여기 있어요.

그녀는 걸어가기 시작한다.

베로니카 : 누가 있다는 거죠, 레티샤?
레티샤 : 날 따라 오려고 하지 말아요. 찾지도 말고요. 증언 따윈 안 할 거예요.
베로니카 : 진정하고 얘기해봐요.
레티샤 : 가능한 한 멀리 도망치도록 해요. (가까이 온다) 그자들 마수가 미치지 않는 곳으로.

그녀는 작은 빗물 웅덩이를 통해서 급히 사라진다. 베로니카는 멍하니 혼란스러워하며 서 있다.

베로니카 : (소리친다) 레티샤!

그녀는 가버렸다.
카메라는 거리 반대편에서 과자를 먹으면서 이 두 사람을 지켜보고 있는 켈러먼과 헤일을 비춘다.

58. 내부. 켈러먼의 사무실. 낮
켈러먼은 근심에 차서 테이블을 날카롭게 두드린다. 카메라는 재무부 비밀 검찰국의 자잘한 여러 가지 소지품을 비춘다. 상황을 견딜 수 없어 그는 수화기를 들고 다이얼을 돌리기 전에 잠시 멈춘다.

59. 외부. 강가 저택. 낮
외딴 곳에 떨어져 있는 집. '몬태나주 블랙풋'이란 자막이 집의 위치를 말해준다.

- **puddle**
  (빗물 등의) 작은 웅덩이
  - a small amount of water or other liquid, especially rain, that has collected in one place on the ground

- **paraphernalia**
  도구 설비, 장비, 〈구어〉 자잘한 개인 소지품
  - a large number of objects or personal possessions, especially the equipment that you need for a particular activity

Just slow down and talk to me.
진정하고 말해 봐요.

▶ 'slow down'은 '속도를 늦추다, 늦게 하다'의 뜻. 여기선 'calm down'의 뜻.

60. INT. RIVER MANSION. KITCHEN. DAY
Shot goes inside to a woman at the island in her kitchen chopping garlic. Her phone rings. On the other end is Kellerman. She picks up.
Intercut between Kellerman and the Garlic Cutter.

GARLIC CUTTER : Hello.

61. INT. KELLERMAN'S OFFICE. DAY

KELLERMAN : We have a small complication. Got a lawyer poking around.

GARLIC CUTTER : (V.O.) Veronica Donovan.

62. INT. RIVER MANSION. KITCHEN. DAY

KELLERMAN : (V.O.) Yes.

The Garlic Cutter goes back to chopping the garlic.

GARLIC CUTTER : You can handle a girl who graduated in the middle of her Baylor law school class. At least I'd like to think so, given the stakes of what we're dealing with here.

Silence as two children run through the kitchen. She nudges them towards the TV.

GARLIC CUTTER : Anyone who's a threat to what we're doing is expendable. Anyone.

4. THERE'S SOMETHING STRANGE ABOUT HIM

60. 내부. 강가 저택. 부엌. 낮
카메라는 집안으로 들어가면서 마늘을 썰면서 부엌에 있는 한 여자를 비춘다. 그녀의 전화가 울린다. 전화를 건 사람은 켈러먼이다. 그녀는 수화기를 든다. 장면은 켈러먼과 마늘 써는 사람 사이를 오간다.

마늘 써는 사람 : 여보세요?

61. 내부. 켈러먼의 사무실. 낮

켈러먼 : 일이 약간 복잡해졌습니다. 쑤시고 다니는 변호사가 하나 있어요.
마늘 써는 사람 : (목소리) 베로니카 도노반 말이군.

62. 내부. 강가 저택. 부엌. 낮

켈러먼 : (목소리) 네.

마늘 써는 사람은 다시 마늘을 썰기 시작한다.

마늘 써는 사람 : 베일러 법대를 졸업한 여자 하나쯤은 쉽게 다룰 수 있어야지. 일의 중대성을 비춰볼 때 적어도 난 그런 생각이 드는데.

두 아이들이 부엌으로 뛰어들어 오자 말을 중지한다. 그녀는 그들을 텔레비전 쪽으로 슬쩍 밀어댄다.

마늘 써는 사람 : 누구든 우리 일에 위협이 되는 자는 제거해도 좋아. 누구든지.

- **garlic**
  마늘
- **complication**
  복잡, 사건의 분규, 귀찮은 문제
- **stake**
  이해 관계
- **nudge**
  슬쩍 움직이다, 조금씩 움직이다
  - to push somebody gently, especially with your elbow, in order to get their attention
  - to push somebody/something gently or gradually in a particular direction
  - to move forward by pushing with your elbow
  - to reach or make something reach a particular level
- **expendable**
  소비되는, 희생될 수 있는

There's a lawyer poking around.
쑤시고 다니는 변호사가 있어요.

▶ 'poke around'는 '〈구어〉 뒤지다, 찾아 헤매다, 꼬치꼬치 캐다'의 관용어.

127

63. INT. KELLERMAN'S OFFICE. DAY

KELLERMAN : Understood.

GARLIC CUTTER : (V.O.) Then do what you need to do to make this go away.

She hangs up. Kellerman places the phone back in its cradle, and cracks his neck sharply, ready to get to work.

64. EXT. FOX RIVER. NIGHT
Pan over Fox River Penitentiary.

65. INT. MICHAEL'S CELL. NIGHT
Michael is still rubbing the bolt along the floor, filing the edges down. Below him, T-Bag hangs his head and arms out his cell.
Intercut between Michael and T-bag.

66. INT. T-BAG'S CELL. NIGHT
T-Bag stands leaning against the bars.

T-BAG : You there, pretty?

67. INT. MICHAEL'S CELL. NIGHT
Michael stops rubbing for a second, then starts again.

68. INT. T-BAG'S CELL. NIGHT
T-Bag hangs on the bars of his cell, grinning manically.

T-BAG : I know you're there.

4. THERE'S SOMETHING STRANGE ABOUT HIM

63. 내부. 켈러먼의 사무실. 낮

켈러먼 : 알겠습니다.
마늘 쎠는 사람 : (목소리) 그럼 무슨 수를 써서든 이번 일을 처리
     하도록 해.

그녀는 전화를 끊는다. 켈러먼은 수화기를 내려 놓고는 일을 시작할 준비를 하면서 자신의 목을 꺾어 두두둑 소리가 나게 한다.

64. 외부. 폭스 리버. 밤
카메라가 폭스 리버 교도소를 비춘다.

65. 내부. 마이클의 감방. 밤
마이클은 여전히 바닥에다가 나사못을 갈고 있으면서, 모서리를 줄질하여 깎아 낸다. 그의 아래쪽에서는 티백이 감방 밖으로 머리와 팔을 끼운다.
장면은 마이클과 티백을 번갈아 비춘다.

66. 내부. 티백의 감방. 밤
티백이 문창살에 기대 서 있다.

티 백 : 거기 있니, 예쁜이?

67. 내부. 마이클의 감방. 밤
마이클은 잠시 갈기를 멈추고는 다시 시작한다.

68. 내부. 티백의 감방. 밤
티백은 광적으로 웃으면서 감방 철창을 붙잡는다.

티 백 : 거기 있는 거 알아.

■ **cradle**
수화기 대
- the part of a telephone on which the receiver rests

■ **file**
줄을 쓸다, 줄질하다
- to cut or shape something or make something smooth using a file

■ **manically**
광적으로, 광기로

You there, pretty?
거기 있니, 예쁜이?

▶ 앞에 'Are' 가 생략된 표현이다. 'pretty'는 '귀여운 아이(사람, 여자), 예쁜 아이'의 뜻이다.

129

69. INT. MICHAEL'S CELL. NIGHT
Michael stops again and looks toward his cell door.

T-BAG : (V.O.) Just want you to know that I'm comin' for you. You got nowhere to run. You're trapped in that little hole of yours.

Michael turns the bolt in his hands.

70. INT. T-BAG'S CELL. NIGHT

T-BAG : (a soon-to-be ironic statement) Trapped like a pig (in a mincing whisper) I'm gonna slaughter.

71. INT. MICHAEL'S CELL. NIGHT
Michael gulps and sighs, starting to rub the bolt on the floor again.
Sometime later, he stops rubbing, the bolt smoothened into another shape by the rubbing. He lifts it up and blows excess dust off of it. It now has grooves worked onto the tip of it.
Flashback.

72. INT. MICHAEL'S APARTMENT. NIGHT
He is sitting at his desk, turns the pages of a book, looking at the actual blueprints on paper and the layout structure for the cell toilets of FOX RIVER STATE PENITENTIARY.
One plan of Industrial Toilets & Sinks states that they use "Steel Angle Brackets with 1/4" Allen Bolts."
End flashback.

73. INT. MICHAEL'S CELL. NIGHT
Michael pulls up his shirt sleeve, and places the now grooved bolt on a spot on his tattoo. It fits perfectly. Michael then moves over to the toilet and slides down the side of it to where it's fitted. The toilet company is Schweitzer. The trademark, "Schweitzer: Plumbing Appliances" is seen on the toilet.

4. THERE'S SOMETHING STRANGE ABOUT HIM

69. 내부. 마이클의 감방. 밤
마이클은 다시 멈추고는 시선을 그의 감방 문쪽으로 향한다.

티 백 : (목소리) 내가 곧 데리러 간다는 걸 알리는 거야. 도망칠 곳은 없어. 넌 조그만 개 구멍에 갇혀 있는 거야.

마이클이 나사못을 만지작거린다.

70. 내부. 티백의 감방. 밤

티 백 : (빈정대는 말이다) 돼지처럼 갇혀 (조심스러운 속삭임으로) 도살되는 거야.

71. 내부. 마이클의 감방. 밤
마이클은 침을 삼키고 한숨을 쉬면서 다시 바닥에 그 나사못을 갈기 시작한다. 잠시 후 그는 갈기를 멈추는데, 그 나사못은 갈아댐으로써 다른 모양으로 매끈해졌다. 그는 그것을 들고는 입김을 훅 불어 먼지를 털어낸다. 이제 그것은 끝에 홈이 패어져 있다.
플래시백.

72. 내부. 마이클의 아파트. 밤
그는 책상에 앉아서 책 페이지를 넘기면서 폭스 리버 주립 교도소의 감방 화장실을 그린 실제의 청사진과 배치 구조를 보고 있다.
산업용 화장실과 세면대의 한 설계에서는 '1/4 인치 강철 꺾임 묶음 앨런 볼트'를 사용하고 있음을 보여 준다.
플래시백이 끝난다.

73. 내부. 마이클의 감방. 밤
마이클은 자기 소매를 걷어올리고는 문신의 한 지점에 이제는 홈이 팬 나사못을 갖다 댄다. 그것은 완벽하게 딱 맞는다. 마이클은 변기로 움직여 가서는 그 옆으로 내려 나사못이 딱 들어맞는 곳을 찾는다. 변기 회사는 슈바이처이다. '슈바이처 배관 용품'이란 상표가 변기 위에서 보인다.

■ **mincing**
조심스러운, 점잖은, 완곡한
- (of a way of walking or speaking) very delicate, and not natural

■ **slaughter**
가축의 도살, 학살, 살육
- the killing of animals for their meat
- the cruel killing of large numbers of people at one time, especially in a war

■ **groove**
가늘고 길게 팬 곳, 나선 홈
- a long narrow cut in the surface of something hard
- a particular type of musical rhythm

■ **layout**
배치, 설계
- the way in which the parts of something such as the page of a book, a garden or a building are arranged

■ **bracket**
까치발 받침대, 꺾쇠 묶음
- a piece of wood, metal or plastic fixed to the wall to support a shelf, lamp, etc.

■ **plumbing**
배관, 배관 공사(업), 배관 설비

You got nowhere to run.
네가 도망칠 곳은 없어.

▶ 원래 'get nowhere'는 '성공 못하다, 진전이 없다, 잘 안 되다'의 뜻.

Slowly and quietly he fits the bolt into a fixture and turns. It comes out easily and he turns it in his hands.

The camera zooms into the toilet fixtures, through some tunnels and corridors, and up through a grate into the infirmary.

74. INT. FOX RIVER. INFIRMARY. DAY
Dr. Tancredi sits at her desk as the nurse, Katie, approaches.

DR. TANCREDI	: Who's my one o'clock?
KATIE	: Uh, Michael Scofield.

Dr. Tancredi checks some files.

75. EXT. FOX RIVER. YARD. DAY
Michael walks past C-Note.

C-NOTE   : I was wrong about you, Scofield.

He drops PUGNAc pills into Michael's hand.

C-NOTE	: Here's your PUGNAc.
MICHAEL	: Little bit late.
C-NOTE	: Better late than never, right?

A C.O. calls out behind the fence.

C.O.	: Scofield! Infirmary.
MICHAEL	: We'll see about that.
C-NOTE	: Mm-hm.

4. THERE'S SOMETHING STRANGE ABOUT HIM

천천히 그리고 조용히 그는 그 나사못을 설치물 속에 알맞게 넣어 돌린다. 그것은 쉽게 돌려 빠져 나온다. 그는 그것을 손에서 돌려본다.
카메라는 변기 설치물을 확대하여 비추면서 터널과 복도를 지나 의무실의 쇠창살을 통해 의무실로 올라간다.

74. 내부. 폭스 리버. 의무실. 낮
탠크레디 의사가 책상에 앉아 있는데 간호사인 케이티가 다가온다.

탠크레디 의사 : 1시 예약은 누구야?
케이티 : 저, 마이클 스코필드요.

탠크레디 의사는 파일을 검토한다.

75. 외부. 폭스 리버. 운동장. 낮
마이클이 씨노트 옆을 지나친다.

씨노트 : 내가 널 잘못 봤다, 스코필드.

그는 마이클의 손에 퍼그냅 알약을 떨어뜨린다.

씨노트 : 퍼그냅 여기 있어.
마이클 : 약간 늦었어.
씨노트 : 없는 것보다 낫잖아.

한 교도관이 울타리 뒤에서 소리친다.

교도관 : 스코필드! 의무실이다.
마이클 : 두고 보자구.
씨노트 : 흠.

■ **fixture**
설치품, 비품
- a thing such as a bath or a toilet that is fixed in a house and that you do not take with you when you move house

■ **Better late than never.**
(속담) 늦어도 안하는것보다 낫다.

I was wrong about you.
내가 널 잘못 봤다.

▶ 'wrong about'는 '(사람이) ~에 관해서 (행동, 판단, 의견, 방법이) 틀린'의 뜻.

133

They walk off separately.
C-Note turns and looks at Michael.

C-NOTE: I'm gonna find out, you know. What it is you're doing up there.

76. INT. FOX RIVER. INFIRMARY. DAY
Michael sits as Dr. Tancredi takes Mickael's index finger and swabs it, getting ready to administer the test. She punctures the skin, drawing blood and applies a testing pad to take the blood.

MICHAEL: How long does this take?

DR. TANCREDI: It used to take hours. They've come a long way with the new glucose kits. This'll take us about ten seconds.

Michael looks apprehensive.

DR. TANCREDI: Slide the strip into the meter, and we're ready to go.

She sets up the test.

DR. TANCREDI: I'm sure you know this, but average glucose for the non-diabetic is about a hundred milligrams per deciliter. So we see a number like that here, and we know you've been misdiagnosed.

4. THERE'S SOMETHING STRANGE ABOUT HIM

그들은 헤어져 따로 걸어간다.
씨노트는 돌아서서 마이클을 본다.

씨노트 : 거기서 뭘 하는지 알아내고 말 거야.

76. 내부. 폭스 리버. 의무실. 낮

마이클이 앉아 있는데 탠크레디 의사가 마이클의 집게손가락을 잡고 약솜으로 소독을 하면서 테스트를 할 준비를 갖춘다. 그녀는 살갗에 상처를 내 피를 시험 패드에 바른다.

마이클 : 얼마나 오래 걸리죠?
탠크레디 의사 : 전엔 몇 시간 걸렸는데. 힘들여 새로운 포도당 측정기를 개발했죠. 이젠 10초 정도면 돼요.

마이클은 근심스러운 표정이다.

탠크레디 의사 : 샘플을 계기에만 넣으면, 준비 완료죠.

그녀는 테스트를 시작한다.

탠크레디 의사 : 알고 있겠지만 정상 포도당 수치는 100미리로 그런 수치가 보이면 오진이었단 걸 알 수 있죠.

- **index finger**
  집게손가락
  - the finger next to the thumb

- **swab**
  〈의학〉 (상처 따위를) 약솜으로 소독하다

- **puncture**
  찔러 구멍을 내다, 찌르다
  - to make a small hole in something; to get a small hole
  - to suddenly make somebody feel less confident, proud, etc.

- **come a long way**
  잘 되다

- **strip**
  가늘고 긴 조각, 작은 조각
  - a thin piece of paper that is being used in the insulin test

- **misdiagnose**
  오진하다
  - to give an explanation of the nature of an illness or a problem that is not correct

It used to take hours.
전에는 여러 시간 걸렸다.

▶ 'used to'는 과거의 습관. '시간이 걸리다'는 표현에는 'take'를 씀.

Michael looks at her, nervous and uncomfortable. He glances over at the grate in the corner, then rubs his temples.

DR. TANCREDI : (softly) **You seem nervous.**

Michael tries to smile and covers it up.

MICHAEL : I do?

DR. TANCREDI : You're sweating.

MICHAEL : (shaking his head) **Must be the needles.** Never really got used to 'em.

The meter beeps. The processing finishes.

DR. TANCREDI : **Somehow, with diabetes and that tattoo, I find that hard to believe.**

She picks up the meter and Michael pulls down his shirt to cover his tattooed arm.

DR. TANCREDI : **Huh, Bad news, I'm afraid.**

Michael tenses. She holds up the meter and shows him.

DR. TANCREDI : **A hundred eighty milligrams per deciliter. You're definitely diabetic.**

Michael, forgetting himself, smiles a huge smile of relief. Dr. Tancredi smiles at him.

4. THERE'S SOMETHING STRANGE ABOUT HIM

마이클은 초조하고 불편한 마음으로 그녀를 바라본다. 그는 구석에 있는 하수구 쇠창살을 쳐다보고는 관자놀이를 문지른다.

탠크레디 의사 : (장난하게) 초조해 보이네요.

마이클은 미소 지으려고 하다가 애써 감춘다.

마이클   : 그래요?
탠크레디 의사 : 땀도 흘리고.
마이클   : (고개를 지으며) 주사바늘 때문일 겁니다. 아무래도 익숙해지질 않네요.

계기에서 삐 소리가 난다. 테스트 과정이 끝난다.

탠크레디 의사 : 당뇨 환자가 문신까지 했다는 게 믿기 어려웠어요.

그녀는 계기를 집어 들고 마이클은 자신의 문신한 팔을 가리기 위해서 소매를 끌어내린다.

탠크레디 의사 : 아, 유감스럽게도 안 좋은 소식이네요.

마이클은 긴장한다. 그녀는 그 계기를 들어 그에게 보여준다.

탠크레디 의사 : 데시리터 당 180미리거든요. 분명 당뇨 맞네요.

마이클은 자신도 모르게 안도의 미소를 환하게 웃는다. 탠크레디 의사는 그에게 미소를 짓는다.

- **temple**
  관자놀이
  - each of the flat parts at the side of the forehead

- **cover up**
  싸서 감추다, 은폐하다
  - to cover something completely so that it cannot be seen; to try to stop people from knowing the truth about a mistake, a crime, etc.

- **tense**
  긴장하다, 팽팽해지다
  - to make your muscles tight and stiff, especially because you are not relaxed

Never really got used to 'em.
그것에 전혀 익숙하질 않네요.

▶ 'get(become) used to'는 '~에 익숙해지다'의 뜻.

137

MICHAEL : Do you need anything else from me?

DR. TANCREDI : (shaking her head) Arm to stick a needle in.

MICHAEL : Okay.

He stands up, rejuvenated and leaves.

DR. TANCREDI : I'll see you Wednesday.

He leaves and she organizes his paperwork. Nurse Katie enters.

KATIE : Cute.

DR. TANCREDI : Prisoner. I don't know, there's something strange about him.

KATIE : What do you mean?

DR. TANCREDI : I gave him the results of his blood test, and there was this look on his face. It was, um ... (pauses) relief.

She shakes her head, not understanding.

77. EXT. FOX RIVER. OUTSIDE OF YARD. DAY
The outside of the infirmary, near the yard. Michael's being escorted back to the yard. Bellick walks over and motions that he'll take Michael instead of the other C.O.

BELLICK : It's all right, I've got it. I'm headed over to A-Wing anyhow.

He takes Michael's arm, smiling, a cup of coffee in his hand. He begins to whistle softly.

4. THERE'S SOMETHING STRANGE ABOUT HIM

마이클 : 또 필요한 거 있으세요?
탠크레디 의사 : (고개를 저으면서) 주사 맞을 팔이요.
마이클 : 좋아요.

그는 원기를 회복하여 일어서서 나간다.

탠크레디 의사 : 그럼 수요일에 봐요.

그가 나가고 그녀는 자신의 서류 사무를 정리한다. 케이티 간호사가 들어온다.

케이티 : 귀엽네요.
탠크레디 의사 : 죄수일 뿐인걸. 근데 뭔가 이상해.
케이티 : 뭐가요?
탠크레디 의사 : 피 검사 결과를 말해줬더니 그의 얼굴이… (잠시 쉰다) 안도하는 표정이었어.

그녀는 이해가 안 간다는 듯이 고개를 젓는다.

77. 외부. 폭스 리버. 운동장 밖. 낮

운동장 근처의 의무실 밖. 마이클이 운동장으로 호송되고 있다. 벨릭이 다가와 자신이 마이클을 호송하는 교도관 대신 마이클을 맡겠다고 몸짓을 한다.

벨 릭 : 괜찮아, 내가 맡지. 어쨌든 나도 A동으로 가니까.

그는 웃으면서 마이클의 손을 잡는다. 그의 손에는 커피 한 잔이 들려 있다. 그는 부드럽게 휘파람을 불기 시작한다.

■ **rejuvenate**
원기를 회복하다, 원 상태에 가깝게 하다
- to make somebody/something look or feel younger or more lively

■ **paperwork**
서류나 문서 업무
- the written work that is part of a job, such as filling in forms or writing letters and reports
- all the documents that you need for something, such as a court case or buying a house

I'm headed over to A-Wing.
나는 A동으로 가고 있다.

▶ 'be headed for(to)'는 '~으로 향하다'의 뜻.

MICHAEL : (dryly) You're positively beaming, boss.

BELLICK : Got up on the right side of the bed this morning, I guess.

He pulls Michael's arm, stopping him.

BELLICK : Hold up.

He stops outside a room, leaving Michael between a fence and walls.

BELLICK : Sugar.

He motions to the coffee cup.

BELLICK : Now, don't you move, fish.

Michael sticks his hands in his pockets. One of Abruzzi's group grabs his arm as Bellick disappears. He is with some burly men.

MICHAEL : What are you doin'?

INMATE : You're comin' with us, fish.

They force him toward the garden shed where Abruzzi is waiting.

78. INT. GARDEN SHED. DAY
Inside, Abruzzi hums to himself, sitting on a bench.

79. EXT. YARD. DAY
Back at the fence, Bellick comes back, seeing this and walks away, laughing.

4. THERE'S SOMETHING STRANGE ABOUT HIM

마이클 : (냉담하게) 기분이 좋아 보이시네요.
벨 릭 : 어젯밤에 잠을 잘 잤거든.

그는 마이클의 팔을 끌며 그를 세운다.

벨 릭 : 잠깐 기다려.

그는 마이클을 울타리와 벽 사이에 세워둔 채 한 발 밖에서 멈춘다.

벨 릭 : 설탕 넣고 올게.

그는 커피를 가리킨다.

벨 릭 : 꼼짝 마, 신참.

마이클은 주머니에 손을 넣는다. 벨릭이 사라지자 아브루치 일당 중의 하나가 마이클의 팔을 잡는다. 그는 몇 사람의 건장한 남자들과 함께 있다.

마이클 : 뭐 하는 거야?
수감자 : 따라와, 신참.

그들은 마이클을 강제로 아브루치가 기다리고 있는 야외 시설 창고로 끌고 간다.

78. 내부. 야외 시설 창고. 낮
안에서 아브루치가 벤치에 앉아서 혼자 흥얼거리고 있다.

79. 외부. 운동장. 낮
다시 울타리. 벨릭이 돌아와서 이를 보고는 웃으면서 사라진다.

■ **beaming**
희색이 만면한, 기쁨에 넘친, 빛나는
- beam
 - to have a big happy smile on your face
 - to send radio or television signals over long distances using electronic equipment
 - to produce a ray of light and/or heat

■ **burly**
억센, 건장한, 퉁명스러운
 - (of a man or a man's body) big, strong and heavy

■ **shed**
오두막, 광, 간이 창고
 - a small simple building, usually built of wood or metal, used for keeping things in
 - a large industrial building, used for working in or keeping equipment

Now don't you move, fish.
움직이지 마, 신참.

▶ 'don't move' 대신 'don't you move' 처럼 'you'를 쓰기도 한다.

80. INT. GARDEN SHED. DAY
Back at the shed, Michael pulls out of the grip of the other inmates.

ABRUZZI : This little polka you and I have been doin' for a while as of this moment, ...

He taps next to him on the bench.

ABRUZZI : ... it's over.

The other inmates push Michael forward. Michael sits next to him.

ABRUZZI : Fibonacci. I want to know how you got to him and where he is right now.

MICHAEL : (stares at him) Not gonna happen, John.

Abruzzi nods and raises his eyebrows. He sits down, and his group pull Michael onto the bench. Michael struggles, but one manages to pull off his shoe and sock. They hold him down, and put a pair of pruning shears to his little toe. Michael watches, gasping.

ABRUZZI : Now, I'm gonna count to three.

He holds up three fingers.

ABRUZZI : One ...

MICHAEL : (breathing heavily) I give you that information, I'm a dead man. You know it and I know it.

ABRUZZI : ... two ...

4. THERE'S SOMETHING STRANGE ABOUT HIM

80. 내부. 야외 시설 창고. 낮
다시 창고. 마이클은 다른 수감자들의 손아귀에서 벗어난다.

아브루치 : 잠시나마 너와 내가 같이 즐겼던 장단 맞추기는
이 순간부터…

그는 자기 옆 벤치를 두드린다.

아브루치 : … 끝내도록 한다.

다른 수감자들이 마이클을 앞쪽으로 떼민다. 마이클이 아브루치 옆에 앉는다.

아브루치 : 피보나치. 놈을 찾아낸 방법과 행방을 당장 말해.
마이클 : (그를 노려본다) 그럴 순 없어, 존.

아브루치는 고개를 끄덕이고는 눈썹을 치켜뜬다. 그는 앉는다. 그의 일당이 마이클을 벤치 위에 억지로 눕힌다. 마이클이 저항해보지만 그 중 한 사람이 용케도 그의 구두와 양말을 벗긴다. 그들은 마이클을 꽉 잡고는 그의 새끼 발가락에다 원예용 가위를 갖다 댄다. 마이클은 헐떡거리며 이를 지켜본다.

아브루치 : 자, 셋을 세도록 하겠다.

그는 손가락 세 개를 들어보인다.

아브루치 : 하나…
마이클 : (거칠게 숨을 쉬면서) 그걸 말하면 난 죽어. 그건 우리 둘 다 아는 사실이야.
아브루치 : … 둘…

■ **grip**
잡음, 붙듦, 움켜쥠
- an act of holding somebody/ something tightly
- a particular way of doing this

■ **shears**
원예용 가위, 큰 가위
- a garden tool like a very large pair of scissors, used for cutting bushes and hedges

as of this moment
이 순간부터

▶ 'as of (날짜)'는 '(날짜) 로 부터' 의 뜻과 '(날짜) 현재'의 두 가지의 뜻이 있다.

143

MICHAEL : (continues breathing heavily) I'll tell you the moment we're outside those walls, and not a second before.

ABRUZZI : You tell me now.

MICHAEL : Not gonna happen, John.

ABRUZZI : Hey, I'm gonna give you one last chance.

Michael's breathing quickens. Abruzzi pauses, waiting for Michael's response, but there isn't one. He nods to the inmate with the shears.

ABRUZZI : Three.

Michael's eyes squeeze shut. The shears begin to close.
Michael's face distorts in pain.

4. THERE'S SOMETHING ABOUT HIM

마이클	: (계속 거칠게 숨을 쉰다) 바깥 세상으로 나가는 즉시 알려주겠어. 그 전에는 절대 안돼.
아브루치	: 당장 불어.
마이클	: 그럴 순 없어, 존.
아브루치	: 이봐, 마지막 기회를 주겠다.

마이클의 호흡이 빨라진다. 아브루치는 잠시 중단하고 마이클의 반응을 기다리지만 대답이 없다. 그는 가위를 든 수감자에게 고개를 끄덕인다.

아브루치	: 셋.

마이클의 눈이 힘주어 감긴다. 가위는 닫히기 시작한다.
마이클의 얼굴은 고통스럽게 일그러진다.

- **squeeze**
  압착되다, 짜지다, 비집고 들어가다
  - to press something firmly, especially with your fingers
  - to get liquid out of something by pressing or twisting it hard
  - to force somebody/something/ yourself into or through a small space
  - to get something by putting pressure on somebody, threatening them, etc.

- **distort**
  얼굴을 찌푸리다, 손발 등을 비틀다, 왜곡하다
  - to change the shape, appearance or sound of something so that it is strange or not clear
  - to twist or change facts, ideas, etc. so that they are no longer correct or true

한 번 보는 순간
멈출 수 없는 미드 시리즈!

　미국은 물론 전 세계적으로 선풍적인 인기를 끌고 있는 텔레비전 드라마 시리즈 〈프리즌 브레이크〉… 이처럼 평범한 드라마가 센세이셔널하게 인기 몰이를 하고 있는 배경은 뭘까? 사실 우리나라의 경우만 봐도 '미드족'(미국 드라마에 열광하는 사람들)에게 〈프리즌 브레이크〉만이 인기가 있냐 하면 그건 절대 아니다. 〈CSI〉, 〈24〉, 〈로스트〉, 〈그레이 아나토미〉, 〈하우스〉, 〈덱스터〉, 〈히어로스〉 등 줄줄이 꿰어질 만큼 '미드'는 얼굴을 바꿔가며 계보를 이루면서 시청자들을 텔레비전 앞에 고정시키고 있는 것이다. 하지만 케이블이나 지상파 방송에서의 방영 횟수를 본다면 〈프리즌 브레이크〉는 솔직히 〈섹스 앤 더 시티〉와 〈프렌즈〉의 인기에 비할 바 못 된다.

그런데 주인공 마이클 스코필드를 맡아 '석호필'이라는 애칭으로 불리는 웬트워스 밀러에게 초점을 옮겨가면 얘기가 달라진다. 젊은이들의 전유물로 여겨졌던 '미드'의 시청자층이 중장년층으로까지 확산된 것이다. 만일 〈CSI〉의 길 그리섬 반장(윌리엄 L. 피터슨)이나 〈24〉의 잭 바우어(키퍼 서덜랜드)가 방한한다고 가정해 보자. 일반 팬이나 언론기관 할 것 없이 떼거리로 인천공항까지 몰려가 열광하며 마중할 사람이 과연 몇이나 되겠는가? 또 〈프렌즈〉의 '조이' 역 매트 르블랑이 출연한 영화 〈신이 버린 특공대〉(2001)나, '챈들러' 역 매튜 페리의 〈나인 야드〉 시리즈를 보기 위해 극장을 찾을 사람들이 과연 얼마나 될까?

그런데 웬트워스 밀러의 경우는 뭔가 달라도 한참 다르다. 그저 드라마 안에서 인기를 먹고 사는 배우들과 달리, 그는 드라마 바깥의 아이돌이다. 〈프리즌 브레이크〉라는 평범한 TV 시리즈의 힘만으로 그는 신드롬의 주인공이 된 것이다. 이웃 일본이나 중국 어느 나라에서도 한국처럼 웬트워스 밀러가 인기몰이를 하는 나라는 없다. 물론 한국의 드라마 시리즈를 볼 때 각 지상파 방송이 공히 불륜을 다루거나 사극으로 도배질을 하고 있는 터에 탈출이라는 색다른 소재로 교도소와 정보기관, 병원 등을 무대로 다양하고 개성 있는 인간상을 보

여주고 있다는 점이 매력일 수도 있지만 그것의 인기는 아무래도 잘생기고 신비한 분위기를 풍기는 주인공의 외모가 크게 작용을 했다고 할 수 있다. 작품보다는 주인공인 웬트워스 밀러가 한국에서의 미드 열풍을 몰고 온 주역이라고 생각한다면 그릇된 판단일까?

그런데 놀라운 것은 웬트워스 밀러의 나이이다. 레오나르도 디카프리오보다 두 살이나 많은 1972년 생이라는 것이 그를 미드족의 영웅으로 만든 결정적 이유가 아닐까? 물론 훤칠한 키에 프린스턴 출신의 재원이라는 프로필도 돋보인다. 완전 백인이라고 하기 어려운 매력적인 마스크도 이를 거들었다고 볼 수 있다. 아버지 집안과 어머니 집안의 복잡한 혈통을 타고 난 그였기에 그나마 이전 영화 출연작들 중 비중이 컸던 〈더 휴먼 스테인〉(2003)에서 그가 백인처럼 보이는 흑인 역을 할 수 있었을 것이다. 〈프리즌 브레이크〉 시즌 1 DVD 서플러먼트에서 도미닉 퍼셀이 웬트워스 밀러를 극구 칭찬하며 "제임스 본드로 적역"이라고 하자 다른 사람들이 "그러기엔 너무 이국적"이라고 답하는 대목도 있다. 아무튼 그는 〈버피 더 뱀파이어 슬레이어〉와 〈ER〉 등 몇몇 다른 드라마에서 작은 역을 맡다가 그나마 〈더 휴먼 스테인〉에서 제법 처음으로 큰 역할을 맡았던 무명의 배우였다. 그러

므로 그에게 〈프리즌 브레이크〉는 최고의 선물이며 이 한 시리즈에 그의 모든 것이 담겨 있다 해도 과언이 아닐 것이다.

에피소드 2의 스토리는 에피소드 1과 마찬가지로 탈옥을 위한 준비를 하나씩 해 나가는 마이클에게 집중된다. 그는 자신의 문신을 토대로 하나씩 계획을 실천해 나간다. 우선 탈옥에 필요한 나사, '앨런'을 구하기 위해 벤치의 나사를 빼려고 한다. 그러나 그 일로 인해 티백 일행과 갈등이 생기고 나사도 티백에게 빼앗기고 만다. 탱크레디 의사와 마이클의 관계는 미래를 예측하기 어렵게 비쳐지고 수크레와 애인 간의 관계는 점차 위기를 암시하게 된다. 한편 흑백 간에 인종 갈등이 벌어지는 가운데 티백 일행과 흑인들 사이에는 싸움이 벌어지고 소동 중에 마이클이 나사를 되찾긴 하지만 그가 티백의 동성애인을 죽인 것으로 오인을 받아 티백의 원한을 사게 된다. 한편 링컨의 옛 연인인 베로니카는 나름대로 링컨의 누명을 벗기기 위해 사건을 조사하기 시작하지만 이내 비밀 검찰국의 켈러먼과 헤일의 눈총을 받게 되고 그들 뒤에는 막강한 권력층이 도사리고 있음이 비쳐진다. 마이클은 피보나치의 행방을 알려 달라고 협박하는 아브루치에 의해 발가락이 절단되고 마는데…

에피소드 2는 에피소드 1에서보다 감옥이라는 제한된 공간에서 벌어지는 인물(수감자와 교도관 또는 수감자끼리) 간의 긴장 관계를 더욱 넓혀나가며, 탈옥이란 목표를 위해 인물들끼리 고도의 머리싸움을 벌이며 다음 회를 예비한다. 또 교도소 안에서 주인공 형제를 둘러싼 사건과, 사건의 진실에 다가가려는 교도소 바깥에서의 움직임이 뒤섞여 서로 인터컷되면서 밀도 있는 구성으로 긴장의 끈을 이어간다. 링컨을 함정에 빠뜨린 보이지 않는 검은 손

BEHIND STORY

들과 살인 누명의 진상을 밝히려는 마이클의 협력자들이 교차되면서 서서히 드러나는 거대한 음모가 극을 더욱 흥미진진하게 만든다. 게다가 교차 편집으로 감옥 밖에서 벌어지는 부통령의 지휘 하에 벌어지는 커다란 음모들까지 합쳐져서 드라마는 정말 한시도 쉴 새 없이 긴박하게 돌아간다.

보통 미국 드라마의 장르는 범죄 수사 드라마, 의학 드라마, 정치 드라마, 법정 드라마, 심령 드라마, 스릴러와 SF 등 장르가 복합된 드라마, 스릴러와 코미디의 혼합 드라마, 성 드라마, 순수 SF 드라마 등 다양하다. 탈옥이란 새로운 장르를 탄생시킨 〈프리즌 브레이크〉는 미스터리, 정치 스릴러, 가족과 연인 간의 사랑, 인종 문제 등 여러 장르를 버무려 텔레비전 드라마의 새 지평을 열어놓고 있다. '탈옥'이라는 같은 소재를 사용했지만 휴먼 스토리에 기댄 〈쇼생크 탈출〉이나 〈빠삐용〉 같은 영화들과는 일찌감치 길을 달리한 이유다. 교도소라는 제한된 공간에서 탈옥을 꿈꾸는 주인공의 심리는 다 마찬가지일 것이다. 하지만 이 작품에서는 정의가 실종된다. 정을 바탕으로 형을 구하러 교도소에 들어가는 스코필드는 악인이 아니며 정의를 추구해야 하는 FBI는 엉뚱하게도 어둠 속의 권력자만을 위해 공권력을 행사한다. 정의에 대한 잣대는 전적으로 시청자의 몫이다.

에피소드가 더 나아가면 밝혀지겠지만 인물들은 이른바 stock character(평면적 인물)가 아니라 round character(입체적 인물)가 된다. 그들은 서로에게 영향을 받아 변하는 다양한 인간상을 보여 준다. 가장 가까운 사람에게 배신을 당할 수도 있다. 따라서 시청자들은 스토리가 진전됨에 따라 인물들이 어떻게 변할지

에 관심을 갖지 않을 수 없다. 가장 믿었던 사람이 배신을 하고 가장 가까운 사람에게 배신을 당할 수도 있다. 모두가 믿을 수가 없는 살벌한 분위기가 연속된다. 지금 살아 있는 주변의 인물이 언제 죽을지도 모르며, 또 어떤 인물이 등장할지도 모른다. 이처럼 〈프리즌 브레이크〉는 잔재주 없이 빈틈없는 스토리 구조와 상상력, 그리고 인물들의 탄탄한 연기로 드라마를 이끈다. 국내에서 인기 있는 수사물들이 화려한 컴퓨터 그래픽과 독특한 카메라 기법으로 잔재미를 추구하는 것과는 판이하다. 스토리에는 군더더기가 없고 반전이 시청자를 사로잡는다. 시즌 1의 22부 에피소드를 하나의 퍼즐처럼 맞추어 나가는 완벽한 구성력은 지금까지의 어떤 작품보다도 탄탄하게 짜여져 있다. 따라서 시청자들은 가만히 앉아서 다음 에피소드를 기다릴 수가 없다. 매 에피소드가 너무나 숨막히고 아슬아슬하기 때문이다. DVD나 인터넷에서 다운을 받아 보지 않고는 못 배긴다. 과연 에피소드 3은 어떻게 전개될 것인가?

등장인물 소개

링컨 버로스
(Lincoln Burrows)

　사형수 감방에 투옥되어 있는 1급 살인자로 전기의자에 의한 사형 선고까지 남은 시간이 겨우 한 달. 에피소드를 이끌어가는 스토리 라인의 중심에 서 있는 인물인데 반해 에피소드 1의 후반부에 소개가 되는 복잡한 캐릭터의 인물이다. 에피소드 1의 촬영 기간 15일 중 14일만에야 등장함으로써 이는 주인공이 나타나지 않는 데 불안을 느끼게 하는 설정이다. 그래서 마치 고전적인 서부극처럼 묘령의 인물에서 갑자기 주인공을 드러내고 판이하게 다른 두 남자가 형제라는 게 밝혀진다.

　마이클 스코필드의 형으로서 우직한 외모와 카리스마를 가진 인물인 링컨은 마이클의 냉철하면서도 따뜻한 이미지와 맞물려 폐쇄된 교도소에서 짱이 될 만큼 진지하면서도 동시에 구명할 가치가 있는 선량함이 있는 복잡한 인물이다. 외모는 터프

해도 마음이 선한 그는 마이클과 딱 어울리는 형이라 할 수 있다. 동생과는 다른 인상과 가족을 끔찍이 사랑하는 인정, 그리고 무엇보다 남자다운 강인한 정신 등 참으로 매력적인 인물이다. 비록 국가적인 음모 세력에 의해 살해될 위기에 놓이지만 초연하게 상황을 바라보다가 결국엔 동생의 도움으로 희망을 일깨운다. 힘이 굉장히 세며 아들을 사랑하는 모습이 참 아름답게 나온다. 머리 좋고 돈 많은 사람치고 인정 많은 사람이 없다고 하는데 링컨 버로스는 그 반대라고 생각하면 된다. 역시 인정이 많은 캐릭터로 나와서 정이 가는 인물이다.

링컨 역의 도미닉 퍼셀(Dominic Haakon Myrtvedt Purcell)은 1970년 2월 영국 머지사이드 월러시에서 태어나 두 살 때 노르웨이 계통의 아버지와 아일랜드 계통의 어머니를 따라 오스트레일리아로 이주해 그곳에서 자랐다. 한때 정원사로 일하기도 했던 그는 곧 직업에 회의를 느끼고 1986년 전쟁 영화 〈플래툰〉을 보면서 배우가 되기로 결심했다. 자신의 직업 배경 때문에 연기는 별로 어울리지 않는 선택이었지만 The Australian Theatre for Young People(ATYP)에서 공부하고, Western Australian Academy of Performing Arts를 졸업했으며 거기서 미래의 아내인 레베카를 만났다.

신장이 185cm의 건장한 체격을 지닌 그는 1997년에 TV 시리즈인 〈Raw FM〉(1997)에 출연을 하게 되었으며, 그 다음에는 오스트레일리아에서 영화화된 〈Mission: Impossible II〉(2000)에 출연을 했다. L.A.로 진출한 후 도미닉은 영화 〈Equilibrium〉(2002), TV 쇼 〈John Doe〉(2002), 〈Blade: Trinity〉(2004), 그리고 스릴러인 〈3-Way〉(2004)와 경찰 TV 드라마인 〈Strut〉에 출연했다. 이 이외에도 〈Invincible〉(2001), 〈Primeval〉(2007), 〈Town Creek〉(2007) 등에 출연한 바 있다. 물론 〈프리즌 브레이크〉가 그의 출세작이며 현재 방송 출연과 영화 작업 등으로 바쁜 나날을 보내고 있다.

프리즌 브레이크 에피소드 3에서 계속됩니다.